Erntedankfest

Bruno Epple

Erntedankfest

Ein Lesebuch

Mit einem Vorwort von Martin Walser

KLÖPFER&MEYER

Martin Walser

Das Dasein feiern

Bruno Epple zum 80. Geburtstag

Ein Glück, dass es dieses Buch gibt! Was für ein Glück, dass es diesen Dichter gibt! Wer vielleicht geglaubt hat, Dichter, das sei etwas von gestern, der lese dieses Buch. In einer Zeit, in der fast nichts mehr geht ohne Beratung und Werbung und Design und Manipulation, wirkt ein Dichter wie die Ursprünglichkeit selbst. Das geht einem, wenn man Bruno Epple liest, ganz allmählich auf.

Ich habe doch auch ein halbes Leben mehr an ihm vorbei als auf ihn zu gelebt. Dann malt er auch noch diese Bilder, die aus jedem hiesigen Motiv eine Märchen-Szene machen. Ich höre schon den Einwand: So märchenhaft sind doch unsere hiesigen Szenen gar nicht. Und schon hat man den Maler und Dichter Bruno Epple verfehlt. Das ist es ja, was er kann. Peinlich genau hinschauen, dann aber nicht nachgeben, bis das Geschaute unter seiner malenden Hand schön wird. Von den Holderblüten, die er in einem Stück Prosa feiert, heißt es am Ende, sie seien »unausrottbar wie Märchen«. Wie das vor sich geht beim Malen und beim Dichten, das lässt er uns begreifen. Es gibt Leute, die so naiv sind, Ausdrucksarten à la Epple zum Naiven zu zählen. Andererseits ist das ein Triumph dieser Kunst. Es darf ja als höchste Stufe der Kunst gelten, wie Natur zu erscheinen. Was für Stimmungsgeburten, was für Daseinsfeiern lässt er uns erleben! Und in welchem Genauigkeitsgrad! Und dann tut er auch noch so, als gehe das alles von selbst. Von seinem Pinsel schreibt er, »der macht sich selbständig, malt wie von selber fort – mir ist, als brauche ich nur noch zuzuschauen«. Und nicht ganz anders lässt er uns sein Schreiben erleben. »… vom dahin tastenden Schreiben geführt, vom Rhythmus des Schreibens bewegt, bis sich mir zeigt, was sich auftun will«.

Das muss man sich leisten können, sich als Schaffenden zu erleben, als sei man nur Zuschauer, Zeuge, Staunender. Er traut sich einfach, geschehen zu lassen, was geschehen will. Egal, ob das eine Sicherheit ist aus Stimmungsüberschwang oder aus geprüftesten Daseinsmomenten, es ist eine Sicherheit, seine erstaunliche Sicherheit. Allmählich begreift man dann, dass es doch seine Kunst ist, feinste Vorgänge und kühnste Empfindungen so erleben zu lassen, als würden sie ihm geschenkt.

Aber von wem?

Zuerst einmal von seiner Kindheit. Wie man wissen kann, sind alle Kinder Genies. Den meisten wird das abgewöhnt. Wenigen aber gelingt es, kindlich zu bleiben und sich doch bis ins Feinste zu verfeinern.

Jetzt muss ich gestehen, dass ich mich geeignet fühlen darf für das, was dieser Dichter aus Kindheitszeiten heraufholt in den heutigen Tag. Das sind z.B. Wörter, die als ausgestorben gelten können, die er aber ohne jede Präsentationsgeste einfach vorkommen lässt. Und eben dadurch kommt es zu keinem sentimentalischen oder archivarischen, vermittlungsgierigen Ton. Eben dadurch ist die spürbarste Eigenschaft seiner ganzen Produktion, sei sie gemalt oder geschrieben, eine Unschuld. Dass es eine hoch raffinierte Unschuld ist und doch eine reine Unschuld, das darf unaufklärbar genannt werden: also sein Geheimnis!

Trotzdem muss ich als Wörtergeologe noch einzelne Wörter herausreißen aus seinem ruhigen Sprachgeschehen. In den Mundartgedichten zum Beispiel:

Hot doo is Schilf de Luft
wild inighaue.

Dass unsere Mundart kein Wort für Wind hatte, weil wir doch voll versehen waren mit dem Luft, das erlebe ich sozusagen dankbar. Innig dankbar. Und lichtschnell fährt durch mich durch, dass das genau zu meinen Lebzeiten passiert ist und dass ich nichts getan habe, es zu verhindern, wenigstens zu bremsen, obwohl ich's tausendmal erlebt und sicher auch selber praktiziert habe, dieses Hinausdrängen des Lufts durch den Schwächling Wind. Für die erst heute Dazukommenden klingt der Luft wahrscheinlich wie ein Fehler. Und wie scharf hat die Mundart unterschieden zwischen der Luft, die man geatmet hat und dem Luft, der durch die Bäume ging. Und so ist es mit allen seinen Wortrettungen oder zumindest -bewahrungen. Der »wo di umduet« sagt er zum Baum, der gefällt wird. Und das so stark funktionierende »sell«: »sell bringt om Glick«. Wie schwach dagegen: »das bringt einem Glück«. Und dass wir Guggumere nur noch als Gurken haben und Zonne nur noch als Korb und statt gotzig nur noch einzig und statt brieka nur noch weinen und statt allewil nur noch immer! Dieses Letztere ist ein sprachlicher Totalschaden. Dass unsere Mundart eine Zeit lang mit dem Englischen geschwisterlich lebte, klingt noch in always und allewil. Und all ist zum Glück hier bei uns all no das nächste Wort für immer. Natürlich ist Morgenessen vom Frühstück endgültig geschlagen, aber bei Bruno Epple eben bewahrt. Ebenso Gsälz, also Igmachts, das in Marmelade untergegangen ist. Aber Bruno hat's. Und natürlich sind da die Pferde noch Rösser. Sogar im feineren Plural: Die Ross. Und so weiter.

Aber wenn das alles oder die Hauptsache wäre, wäre Bruno Epple ein Eiferer des Bewahrens. Ist er nicht. Das Bewahren ist ihm reine Selbstverständlichkeit.

Man lese, wenn man seinem Selbstbewusstsein und Selbstverständnis näherkommen will sein Gedicht:

I hon wani hon

i hon mi gsicht
it dass is vesteck
it dass is vedeck
honi mi gsicht.

Und zwei Strophen später:

i hon mi wort
it dass is verschmäh

it dass is verdräh
honi mi wort.

Dieses Gedicht vibriert doch vor Stolz und Seinsgewissheit. Hier feiert er sich, wie es heute nirgends mehr vorkommt. Nirgends mehr vorkommen kann. Und da ist sein anderes Geheimnis: die Mundart. Die garantiert in diesem anspruchsvoll stolzen Wort-Auftritt die Unschuld. Hochdeutsch möchte ich das nicht lesen.

Um es eiligen Zeitgenossen bequemer zu machen, empfehle ich jedem, der die Epple-Poesie in ihrer ganzen Feinheit erleben will, sein Meisterwerk: »Die Gartentür«.

Er sitzt im Konzert, zwei, drei Flötentöne, und schon ist er bei der Kindheits-Gartentür: »dieses kränkliche Ding aus Eisenstäben«. »Wie die Flöte, so schrie sie und schluchzte heiserhell, wenn einer sie aufstieß. Und schwankte und fiel ins Schloss zurück mit dem immergleichen Geleier und Singsang«. Und: »Jahrelang klagte sie ihr rostrotes Leid, in seliger Wiederholung. Keinem fiel ein, die Angeln zu ölen …«.

Proust hat aus dergleichen eine vielbändige Erzähl-Philosophie gemacht. Bruno Epple bleibt ganz bei der Sache, aber macht die Sache zum dichterischen Ereignis. Zum »Lieblaut der Ankunft, Wehlaut des Abschieds«, »… der Kindheit Melodie«. Natürlich wurde die Gartentür »ausgehängt und fortgeschafft«. Bruno Epple aber feiert ihren »verklungenen Lieblaut«. Was hier auch erlebbar ist: Der Dichter ist, um sein oder das Dasein zu feiern, nicht auf die Mundart beschränkt. Und das ist dann der Dichter, dem das Innigste gelingt:

Ach
immer erwache ich
in meinen Armen
so traurig.

Oder:

Die Hand bezeugt mein Sinnen:
bekreuzigt im Dreieinen
trete ich in den Tag.

Und die letzte Strophe:

Im Sehnen dorthin,
aus der Ferne endlich
den brennenden Dornbusch zu schauen.

Das ist er auch, der Fromme. Einmal hört er so auf:
»Der Mantel Gottes, wollte ich ihn malen, dann in diesem goldgesäumten, golden bestickten Grün, ganz freudige Gegenwart«.

Da darf auffallen: seine Lust, Farben sprachlich auszudrücken. Jene »unausrottbare Märchen« garantierenden Blüten nennt er »butterweißer Holder«. Dem Mohn sagt er »klatschendes Taumelrot« nach und »sonnentolles Rot«. Die »uralte Weide mit ihrem Silbergeflimmer«, »die staubweißen Wege«, das »Glücksrosa hinter weißen Vorhängen«, »die durchsilberte Weite des Sees«. Und das Rapsfeld, »ein gelb brennendes Signal«, das »von Tag zu Tag allmählich untergeht im alles einholenden Grün«.

Damit sind wir mitten in seiner Daseins-Fülle und -Feier. Seinen Prosastücken ist nichts so fremd wie eine Geschichte. Er ruft auf, rühmt, lobpreist, aber er erzählt keine Geschichte. Dann schon lieber ein Märchen. Aber am liebsten überhaupt nichts, das seine Bedeutung dadurch kriegt, dass zuerst das, dann das, dann auch noch das passiert.

Ich kann das nicht zur Kenntnis nehmen ohne Neid! Mich erinnert er an eine liebste Tante, die, sobald man bei ihr war, anfing zu erzählen. Aber nie eine Geschichte. Immer rief sie auf das und das und den und den. Ich habe sie immer beneidet, so wie ich jetzt Bruno Epple beneide. Eine Geschichte, das ist, spüre ich da, die Trivialisierung des Daseins. Da wird Bedeutung produziert durch ein Nacheinander, wo es doch viel schöner ist, etwas als solches erscheinen zu lassen. Als es selbst. Und nicht als eine Sprachveranstaltung zur Bedeutungsproduktion. Er selber drückt aus, was er schreibend und malend tut: Er feiert das Dasein. »So ist das mit mir«, fängt ein Prosastück an und lehnt die Frage »Wozu« ab. »Dasein ist ihm Sinn genug«, heißt es dann.

Es ist, als lehne er Bedeutung ab. Dasein als solches. Und Einsamkeit und Tod gehören genau so dazu wie der Kürbis, der aus dem Komposthaufen wächst, den er unter dem Titel »Kürbisfülle« unendlich genau, d.h. strotzend vor Saftigkeit und »so prall wie ein Geschwür« beschreibt. »So ein Kürbis alleine ist schon ein Ereignis«.

Bruno Epple überlässt sich allen Situationen, in die er gerät. Und es gibt eigentlich nichts, was in ihm nicht die Lust auslöst, es darzustellen. Seiner Lust wird eben alles zum Ereignis. Einmal setzt er sich ausführlich mit dem Clown Auguste auseinander. In Paris. Daraus wird eine Art Kunstphilosophie. Der Clown und der Maler, beide zusammen sind Bruno Epple.

»Ich habe aus meinem Geschick eine Kunst gemacht«, sagt der Clown. Er müsse als Clown so spielen, als wolle er etwas, was er nicht erlange. »Das finden die Leute komisch«, sagt er. Und als der Maler sagt, dass er manchmal glaube, die ganze Welt habe sich gegen ihn verschworen, erzählt ihm der Clown, wie der Apfelbaum »blüht im Überschwang, ein schäumender Rausch ist's und im Herbst hängt er voll von Äpfeln« und es sei ihm egal, was mit denen geschieht, wer sie pflückt, verkauft, isst, den Apfelbaum schere das alles nicht. »Er blüht und wird wieder blühen und nichts anderes im Sinn haben, als seine Früchte zu tragen«.

Hier wird die Frage ›Wozu‹ zwar nicht gestellt, aber sie wird genauso abgelehnt. Das drängt sich doch auf in dieser blühenden, duftenden Erscheinungswelt des Bruno Epple, dass ihm das Dasein immer ein solches Ereignis ist, eine solche Fülle, dass er kein Wozu braucht. Ob Einsamkeit oder Gewimmel, ihm ist, was ist, immer genug. Das muss daran liegen, dass er mit allem, was ihm begegnet, etwas anfangen kann, ja so viel anfangen kann!

»Schreiblust« heißt eines seiner Stücke, und das hört so auf: »Tanzt, umtanzt die Poesie wie das goldene Kalb. Und mit euch tanzen die dürren Konsonanten, dralle Vokale, hermaphroditische Diphtonge. Tanzt, Kinder des Unsinns, denn hold seid ihr, wo Lust eure Wange erheitert«.

Achtzig Jahre hat er verbracht, sicher sechzig Jahre schreibend, malend, Schönheit stiftend. Ich sage nicht: Sinn stiftend, sondern Schönheit. Man kann alles, was er gemalt und gedichtet hat, verstehen, wie man will; dass, was er hervorgebracht hat, schön ist, wird niemand bezweifeln. Ob Blumen, Pappeln, Felder, Wälder und den Himmel darüber, ob längst verklungene Töne oder Wörter, er hat, was ihm begegnet ist, gefeiert.

Es gibt Schreibende, die müssen alles, was ihnen begegnet, heruntermachen. Bruno Epple macht aus einer Welt, die alles andere als heil ist, eine schönere Welt. Und das ohne zu fälschen. Er entdeckt die Schönheits-Chance in jeder Erscheinung. Insofern hat die Welt Glück gehabt, dass sie ihn hervorgebracht hat. Ohne ihn wäre manche Schönheits-Chance unerkannt verflogen. Die Welt kann sich gratulieren zu diesem Dichter, der auch als Maler ein Dichter ist.

Zum See hin

Lektüre unterm Kirschbaum

Kurz vor Mittag fuhr ich über den Berg. Auf der ersten Anhöhe im Schatten eines wilden Kirschbaums eine Bank. Darauf saß ein junger Mann und blickte, da ich langsam an ihm vorbeifuhr, von seinem Buch auf, das er in Händen hielt. Ein ernsthafter junger Mann, die Haare, kurz geschnitten, in die Stirn gekämmt, vor den großen Augen eine dieser kreisrunden Brillen, wie Hermann Hesse sie getragen hat und die später wieder in Mode gekommen sind, zumal bei Studenten, sei es aus Nostalgie, aus Imitation, aus Protest; und es protestierten damals viele, die diese kreisrunde Brille mit der dünnen Metallfassung zu tragen begehrten. Der junge Mann schaute also vom Buch auf zu mir her. War sein Blick Neugierde, wer da heraufführt, verbotenerweise, weil der Weg nur für Anlieger freigegeben ist; war er Protest wegen der Störung, gar einer aus Abscheu über einen, der an diesem Pfingstsonntag mit dem Auto die geweihte Stille durchbrach?

Ich kann's nicht sagen. Als ich vorbeigefahren war, ließ mich das Bild nicht los. Da sitzt einer im Schatten des Kirschbaums auf einer Bank, umweht vom Duft der Wiesen, in der Tiefe der heraufsilbernde See und jenseits der Thurgauer Seerücken, in der Ferne Steckborn im Glanz der Sonne, Mammern im pfingstlichen Licht – und er liest in einem Buch. Welche Welt mag er da vor sich haben, in welche Gedanken vertieft sein, welche Erregungen erfahren und welchen Beschwörungen sich, so ruhig dasitzend, ergeben? Ist nicht der Blick in die Gegenwart schon genug, kann er sich nicht im Anschaun dieser Landschaft, der so oft gepriesenen, sättigen? Er liest, als sei der Zauber der Worte von stärkerer Kraft, ihn bannend und zugleich in ihm Besseres erweckend.

Andere fahren mit dem Auto aus, radeln in Scharen, flitzen im Trikot dahin, ganz verbissen und kraftbesessen, als müssten sie etwas erreichen, eine Anzahl an Kilometern in einer bestimmten Zeit oder, du weißt nicht, die Erhaltung ihrer Gesundheit, die Stählung ihrer Muskeln. Oder jagt sie die Angst vor dem Altern, rasen sie so ihrem Tod davon?

Andere segeln und kreuzen auf dem See dahin. Oder sie machen in Gruppen einen Ausflug, bunt gekleidet und munter vor sich hin trabend und plaudernd. Unterwegs so viele, Dasein genießend in Bewegungslust. Der aber hockt im Abseits und liest in einem Buch. Er hat es, den Weg heraufsteigend, mitgetragen, hat es, bevor er sein Zimmer verließ, in die Hand genommen, hat es unter den vielen, die er besitzt, eigens ausgewählt, um es nun auf dieser Bank zu lesen. Wer mag es geschrieben haben? Was mag darin zur Sprache kommen? Führt es in die Ferne, weitab in ein anderes Land, oder, was verlockend zu denken wäre, beschreibt es diese Hörilandschaft und macht sie zum Schauplatz einer Geschichte? Und mir ist, da ich vor mich hin fahre, als ob dieses Land danach rufe, beschrieben zu werden. Denn das Frohlocken dieses Tages wird verklingen, wird, kaum erhört, vergessen sein, und das Land, so treu es sich selber bleiben mag, ist steter Wandlung anheimgegeben. Doch da sitzt einer auf dieser Bank und liest. Er ist im Gespräch mit diesem Buch.

Einmal ist hier einer gesessen, in Gedanken vertieft, und später, vielleicht, mag er sich daran erinnern, dass es eine wichtige Station auf seinem Weg durchs Leben gewesen ist, hier auf halber Höhe auf dieser Bank, mit dem Blick auf mein Wangen, das geduckt vor dem See liegt. Und die Elfuhrglocke von Mammern läutet herüber, verwandelt das Seetal und verklingt; und Segel, winderfüllt, erblühen auf und ziehen dahin, und das alte Glarisegg verdämmert im Grün der Uferbäume. Er mag sich dessen erinnern, wie ihm da ein Geistiges aufgeblitzt ist, oder einfach das: dass er hier die Wohltat ruhiger Lektüre genossen hat, an einem Pfingstsonntag, einmal wie kaum mehr.

Und ich, wenn ich vorbeikomme und die Bank sehe, werde mich wieder und wieder erinnern: Hier hat, da ich einmal vorbeifuhr, einer vom Buch aufgeblickt mit seinen großen Augen, die prüfend oder erstaunt mich aus kreisrunder Brille angesehen haben, bevor sie sich wieder dem Wort zuwandten, erfüllte Augen, die beides wahrnahmen, das, was im Buch steht, und das helle Land.

Denn merkwürdig ist, dass beim Lesen draußen ein solcher Aufblick mehr wahrnimmt, als wir ihm zuzubilligen geneigt sind. Als sei das Auge durch die Lektüre geschärft, erfasst es das Nebenbei besonders stark. Die Gedanken, vom Buch bewegt, scheinen gerade da offen zu sein, auch das Beiläufige wahrzunehmen und beides miteinander zu verknüpfen, das im Buch Gesagte und die Erscheinung der Landschaft. Also dass der Leser, von was immer er gebannt sein mag, in seinen Bann auch das Nebenbei mit einbezieht. Und dass Lesen zur Kraft der Sammlung wird.

Auf dieser Bank, so ist zu denken, hat einmal einer den Kosmos auf sich konzentriert. Dasitzend in Ruhe, hat er die Welt um sich versammelt als Idee und Wiesenduft, als Geschichte und Vogelgesang, als Erkenntnis und Seesilberglanz, als Sehnsucht und als Pfeifen des Zuges, der zwischen den Uferbäumen dahinblitzt wie auch durch das Gedankengefüge eines Buches.

Mein See
nächtlich in sich vertieft
und trunken von Sternen
spiegelt mir
in der Fülle des Schweigens
des Himmels lichte Unergründlichkeit.

Gemeinsamkeit

Schon am Friedhof vorbei, gehen vier kleine Schüler, jeder den Ranzen auf dem Rücken, einträchtig nebeneinander von Weiler nach Iznang, gehen fast gleichen Schritts plaudernd miteinander auf dem Nebenweg, der die beiden Orte verbindet. So gemeinsam heim von der Schule, heute wie gestern, und wer weiß, wie oft sie diesen Weg gehen werden, bei jedem Wetter, im Duft der Frühe nach Weiler zur Schule, im Sonnenbrand zum Mittagessen nach Iznang. Vor Augen, wenn sie einen Blick dafür haben, den silbern glänzenden See mit der Silhouette der Stadt Radolfzell am jenseitigen Ufer, überragt vom dahinziehenden Bodanrücken, und neben ihnen Wiesen und Felder mit Kohl und Kartoffeln, mit Rüben und reihenweise Salat. Düfte in ihren noch jungen, noch atemgierigen Nasen, die mehr aufnehmen, als ihnen bewusst ist. Und in sie eindringen als der ganz besondere Ruch ihrer Heimat. Und wie sie täglich dahinmarschierend in Eintracht eine Zusammengehörigkeit erfahren wie nie mehr sonst im Leben, wo jeder seinen eigenen Weg gehen wird, jeder in eine andere Richtung, und sich in der Fremde bewähren und seinen Mann stehen muss.

Aber heimgekehrt nach langen, vielleicht schicksalhaften Jahren werden sie sich sogleich in einem Vertrautsein wiederfinden, als seien sie immer beisammen gewesen, Schulvertraute sie und frühe Weggenossen, die alle Trennung nicht zu trennen vermag, und kein Befremden unter ihnen, später einmal, wenn sie, lang schon erwachsen und geprägt, hier einander wieder begegnen sollten.

Dann wissen sie wieder um den Duft dieses Weges, den so eigenen Ruch der Heimat, der sie süß anflutet, und jeder, der dem anderen über unzählig viele Jahre hinweg die Hand reicht, wird spüren: Wir sind noch ganz die von damals auf dem Weg zwischen Weiler und Iznang.

Auf der Schaukel

Im Garten stand die Schaukel: zwei starke Pfosten mit dem Querbalken, an dem die runden Haken angebracht waren. Die beiden Stricke mit den Ringen hing mein Vater ein, ein Brettchen ans untere Ende und »fertig die Laube«, so sagte mein Vater und los ging die Fahrt. Ich stieß mit den Füßen ab und bog mich nach hinten und streckte die Beine, schlug sie im Rückwärtsdrall zurück und vor und zurück und hatte bald jene Höhe erreicht, die nicht zu überfliegen war. Da schoss ich nun nach unten im Schwung und hinauf, mit ausgestreckten Beinen grad in die Wolken. Da trug es mich im Bogenschwung zurück und hoch, und für einen Augenblick konnte ich fühlen, wie ich alles überragte, Bäume und Gartenwege und Beete, schier dass ich mit dem Kopf an den Himmel stieß. Das mochte sekündlich kurz sein, da ich so in der Luft hing, ruhig, die Welt zu Füßen, bis eine unsichtbare Gewalt mich wieder hinabstieß, im Saus dem Weg zu, und der Garten stieg auf und ich überflog ihn und stieß mit den Füßen hinauf in ein Wolkenmeer.

Und die Schaukelbalken ächzten und die Ringe wimmerten in den Haken, aber das war ein Gesang, der mich berauschte. Und ich schaukelte vor und zurück und vorab und hintüber und meinte zu fliegen, und der Garten unter mir wölbte sich und schaukelte vor und zurück, und die Bäume umkreisten mich und Hecken flogen mir zu und duckten sich, und die Blumen brausten im Farbwirbel, und so überflog ich auf meinem Brettchen die Welt. Aufstieg und Abfall und ein Drang, der hinaufträgt, ein Zwang, der hinabzieht. Wildes Wiegen und wagendes Bubenglück zwischen Himmel und Erde, Schwinggebraus im Halbrund, Bogenlust von Höhe zu Höhe in seliger Umkehr.

Zeit, die nur vom Pendelschwung einer Schaukel bestimmt war.

Die Gartentür

Ich erinnerte mich ihrer, als ich im Konzert saß. Einer Flöte entstiegen zwei, drei Töne, die mich entzückten.

Die Gartentür, fiel mir ein, das war dieses kränkliche Ding aus Eisenstäben vor dem Haus meiner Kindheit. Wie die Flöte, so schrie sie und schluchzte heiserhell, wenn einer sie aufstieß. Und schwankte und fiel ins Schloss zurück mit dem immergleichen Geleier und Singsang. Sie gehörte zum Haus und der Straße, zum Geläut der Amsel am Abend und zum Hahnruf am Morgen.

Jahrelang klagte sie ihr rostrotes Leid, in seliger Wiederholung. Keinem fiel ein, die Angeln zu ölen, vielleicht weil etwas gefehlt hätte: ihr Lied, ihre Weise, ihr langgezogenes Schluchzen, das nur der Regen für eine Weile stillte.

Wie vertraut alles war: Schritte die Treppe hinab, das Knirschen im Kies, der Wehlaut der Türe: Ade.

Durch das Fenster mit den Geranien, trunken von Sonnenglut, spielte der Wind sein loses, leises Spiel. Dahinter lag ich auf dem Boden und las mich in ein Buch hinein, in die Ferne vertieft, in andere Welten getaucht. Da weckte mich dann die Türe, sie greinte in den Sommernachmittag, und Besuch war da.

Oft spielten wir Karussell mit ihr: hängten uns an ihr Gestänge und ließen sie auf- und abgehen, dass sie schrie.

Alles, was wir erwarteten, zog durch diese Türe: o Lieblaut der Ankunft, Wehlaut des Abschieds. Kommen und Gehen kündete sie an, begleitete sie; meldete alles getreulich, und kein Dieb hätte unbeschrien nachts hereintappen können.

Sie war mir Signal der Heimat, aller Anfang wurde von ihr eröffnet, alle Heimkunft besiegelt. Sie war das Lied des Hauses, der Kindheit Melodie.

Eines Tages war sie verschwunden, das ausgeleierte Gitterzeug ausgehängt und fortgeschafft.

Und ihre Melodie bleibt vergessen. Nur manchmal kommt mir vor, als seien Klänge, die mich glückhaft durchzucken, mit dem verklungenen Lieblaut meiner Gartentür verwandt.

Die Amsel
vom First meines Hauses
ruft: Rodriga Rodriga
und flötet mit Inbrunst
ein Liebes
für sie – nicht für mich

so morgens mittags und abends
dieselbe Sequenz für Rodriga
die fernab aus einer Tanne
Antwort gibt
für ihn – nicht für mich

und doch mit Inbrunst
hör ich ein Liebes
als sei es mir zugedacht
von ihm und von ihr.

Die Greisin

Die Greisin in der vordersten Kirchenbank, nah dem Pfeiler, verkörpert Würde.

Angetan ganz in Schwarz, nicht weil sie trauerte, sondern nach hergebrachtem, sonntäglichem Brauch, nicht so sehr dem aus der Gegend, eher bewahrt aus ihrer östlichen Heimat, aus der sie stammen mag.

Schlichtes Schwarz: der Rock vielfach fein gefältelt, die Jacke einfach und unauffällig schön, das Kopftuch streng gebunden und über die Schultern ausladend mit langen Fransen – beim verweilenden Hinschauen mag einem aufgehen, wie kostbar solche Schlichtheit ist.

In den weißen, ineinandergefalteten Händen den schwarzperligen Rosenkranz, so kniet sie in Ruhe während der Messe da, steht da in gefestigter Demut.

Sie ist, das spüre ich, ein Bild der Ehrfurcht, selber Ehrfurcht erweckend. Mir ist, als werde in dieser Frau, die sich Gott stellt, das sichtbar, was wir Menschenwürde nennen. So sehr drängt sich mir in dem, was ich vor mir sehe, der Gedanke auf, dass ich es mir kaum anders vorstellen kann, als dass Würde gerade da glaubhaft wird, wo einer in Ehrfurcht vor dem Heiligen steht. Und dass die Würde des Menschen mit seiner Demut wächst.

Strickerin

Sie sitzt leicht vornübergebeugt da, wie mit dem Stuhl verwachsen, wie unverrückt seit eh und je, und nur ihre Hände bewegen sich, ihre Finger gehen insektenhaft flink und emsig auf und ab mit den blanken, spitzen Stricknadeln. Sie blitzen in einem wilden und doch sonderbar geordneten Tanz; klirren bisweilen zusammen, reiben aneinander und spielen sich den Faden zu.

Dieser Faden, der um den Zeigefinger geschlungen aus der Handhöhle kommt und über die Nadel läuft – dem Mann ein Rätsel, auch wenn er es sich erklären lässt –, wird aufgegriffen, gefügig gemacht und in Schlaufen aufgereiht zu einem engen Netz aus ordentlich verschlungenen Maschen; verflochten und verstrickt zu einem Gewebe, was als Knäuel im Schoß sich dreht.

Aber wo ist sie, die da strickt? Ihre Augen ruhen auf dem Nadelspiel, sind eingestellt auf den Tanz. Und doch scheint sie zu träumen, die leis vor sich hin zählt. Ihre Gedanken scheinen zu schweifen – oder stricken auch sie an einem eigenen, engmaschigen Stück? Ihre Augen sind da und fort, nah und weit weg, sind versunken still und verfolgen zugleich den Nadelreigen, dieses schier endlose Undsoweiter des Fadens.

Alt scheint sie zu sein, die da strickt, oder jeden Alters enthoben. Und auch das, was sie tut, hat wie alles, was im Gleichmaß aufgereiht wird, etwas Ursprüngliches, gleichsam Ewiges an sich. Das Pflügen, Furche um Furche, das Schreiben, Zeile um Zeile, das Mauern, das Stricken: Das geht im Gleichmaß in eine schöne Ordnung. Tut wohl dem Auge, gibt Ruhe dem Herzen, ist einfach und kunstvoll zugleich. Ist aufgereihte Zeit.

Was mag sie denken? Träumt sie sich in ein ursprüngliches Dasein zurück? Müßig bemüht strickt sie vor sich hin.

Davor bleibt der Mann stehen, ausgeschlossen, und er mag zusehen, wie sich die Frau in ein Geheimnis strickt. Ihm ist das Schicksal, das ihm gestrickt wird, Faden um Faden, Schlinge um Schlinge, begleitet von einem muhmenhaften Dahingemurmel, im zähen Voran. Da kann er nicht folgen. Das muss er walten lassen wie das Unabänderliche selbst.

Dengeln

Dengeln, dieses Dengeln, Dengeln: Das ist weg, aus und hin, wo jetzt Maschinen ernten. Dengeln, dieser Vorklang zum Mähen, sein Nachklang, war das Geläut des Dorfes, die Sprache der Bauern. Das ist vergangen, verklungen, und nur das Echo lebt in der Erinnerung, schon leis verklärt. Es ging unter, und wir fangen erst zu trauern an, wenn es uns einfällt. Da kommt es uns vor wie ein friedvoll Schönes, wie Märchenerzählen, wie Rosenkranzgebet, uralt. Eine Hingabe an den Rhythmus, ein Gemessenes, ein klingendes Gleichmaß.

Wie sie da saßen, die Männer, das alltäglich Notwendige zu tun; das Sensenblatt auf den Knien, den Holzblock mit dem Amboss zwischen den Beinen; und wie sie dengelten, voll Hingabe und Aufmerksamkeit, so ganz bei ihrem Tun. Wie sie dengelten, gleichmäßig, ohne Hast, ruhig voran, wie als Mäher Schritt um Schritt, Mahd um Mahd.

Da hockten sie im Schatten der Scheune, Mittagsglut brandete über die Felder, wo das gemähte Gras gärte und trocknete. Und der Hammer sprang auf das Sensenblatt, hüpfte zurück in rascher, gemessener Folge, fast wie das Tacken der Uhr: deng, deng, deng, deng. Und eine staubige Wärme in den Scheunen, aus den Ställen Kuhgemuff, ein Klirren und Rasseln der Ketten, das dumpfe Wiederkäuen, das Währende, Warme, Geruhsame. Und Gesumm blauer Fliegen, das tolle Gesause der Bremsen.

Da hockten sie im Schattenschutz der Scheune, unter dem tiefen Dach, ließen den Hammer hüpfen, dass es rundum klang, und schärften die Schneide, glätteten Dalle und Zacken.

Am Abend, wie da die Wiesen feucht aufatmen und ein schwerer Ruch über die staubweißen Wege flutet; wie die Milch in den Eimern schäumt, im Stall geschäftig gewerkt, gemistet, gekehrt wird; wie darin etwas wie Friede einzieht, Erlöstes sich breitmacht. Gras wird in die Krippe gesteckt, die Kühe fressen sich hinein, schnauben mit ihren warmen, nassen Muffeln und schauen mit Augen so groß und glasig und sanft zugleich, wischen sich mit dem Schwanz die Fliegen vom prallen Bauch. Und die hackigen Hinterbeine und die vollen Schenkel, wie wohltuend der Hand, die darüberstreicht und klatscht.

Und der Dengler dengelt, dengelt vor sich hin mit Gleichmut, Geduld. Im Gleichtakt fällt der Hammer nieder und nieder, springt und springt und singt hell und immerwährend und, nach einer Pause, hüpft von neuem an und klopft und klingt über die Straße hinweg, tönt leiser im Windschatten, hängt in den Höfen, den Scheuern.

Friedliches Tun, der Mann schärft sein Schwert: eine Sense; friedlich und männlich zugleich. Uraltes, ausgestorbenes Lied.

Mein Guller

Mein Truthahn, mein Guller, diese Majestät in seiner kupfernen Pracht, ist hin! Heute morgen lagen überall Federn zerstreut. Am unteren Hang am Zaun lag er feucht und verstrubbt, ohne Kopf, und auch das Hinterteil herausgebissen. War's ein Fuchs, ein Marder? Wir hatten in der Nacht nichts gehört, nicht den Alarm eines Schreis, nichts von Lärm.

Zwei Jahre lang war er der Stolz unterm Federvieh, wachte und gullerte empört, wenn etwas seinem Ordnungsblick nicht passte. Radschlagend und wie aufgedampft zog er, mit gespreizten Flügeln, seine Kreise, und es rauschte, wenn er die harten Federn am Boden entlangschliff. Seine Brust war Ausdruck der Mächtigkeit und die Federn hatten Glanz: Sie schimmerten changierend ins Grünliche, Bläuliche, und es blinkerte gold-kupfern hervor. Die vielen Wülste an Kopf und Hals waren abschreckend und von imponierender Schönheit, wenn sie mal rot aufquollen, mal blau erstarrten.

Ich habe ihn einst gemalt. Aber was heißt schon gemalt angesichts der Stärke, die er verkörpert hat, angesichts der Kraft, die bis in den Federspitzen drangvoll saß, wenn er aufgeplustert und schrittweise sich vorangestoßen hat.

Nun ist er hin, dieser Stolz, dieser Herr und Aufpasser mit den klugen, umsichtigen Augen, mit denen er jeden Vogel hoch am Himmel eräugt hat, jedes Flugzeug und alles, was gefährlich werden konnte, und vor dem er sogleich alarmiert hat mit heiser kollernden Kaskaden.

Kiesgrube

Kiesgrube im Licht.
Steilstirnig erhebt sich die Wand.
Aufgebrochener Hügel: Sande fließen hervor, Steine bröckeln, hageln hangab. Schichten aus Sand, Streifen aus Kieseln liegen wie Wellen zuhauf.
Bagger kauen Gestein, schütten es unverdaut aus, stoßen zu mit Schaufeln, mit Zähnen; fressen ein Loch in den Grund, grollen dumpf: Tier aus Eisen, mit Ölblut.
Mohn am Rand oben feiert plusterleicht-windige Tage; Rotmohn, sonnentolles Rot, klatschendes Taumelrot: Flamme und Flaum am Rand.
Lärm in der Grube, Geratter, Gestank: bricht das Schweigen auf, dringt in des Urmeers Geröll. Haut sich in Tiefen, reißt Höhen herab; spaltet Hügel, drischt Grasfell, stürzt den Bestand der Bäume.
Abends liegen die Hänge nackt: aufgerissen, bloßgelegt; hell nur von Sonne umfingert.
Dann sacken die Ungetüme in sich: Bagger und Greifer liegen starr, totstill, steif. Urweltskelette.
Eine Schnecke, behutsam, zieht des Schweigens Spur über die Räder.

Stille waltet allum. Die Grube ruht, atmet auf. Es rieselt herab und rinnt. Steine lösen sich aus der Sandhaut; aus dem Gefüge schiebt sich ein Brocken. Eine Wurzel bohrt tiefer, ein Käfer flieht, ein Wurm gängelt sich ans Licht, ein Flügelschlag – es bröselt, rieselt, regnet Sand, Kiesel, Gestein.

Wind

Dein Strömen erfüllt die rosigen Räume der Frühe, die silberne Lust der Weiden. Dein Kommen ist Abschied von Meer und Rose, und ohne Erinnerung. Überall zuhaus und nirgendwo ruhig: Du wiegst dich in abendlichen Wäldern, doch ein Bett stellte man dir vergebens auf. Bei Steinen ist dir wohl wie bei Blüten. Im Sturm erfüllt sich dein Jubelgejohl.

Wo lässt du das Salz der Meere, wo verstreust du die Düfte des Augenblicks? Die Leiber, die du umarmst, Vorhänge, die sich bauschen; die Ecke umpfiffen, Rauch zerfetzt und Wolken getragen von dir – wohin geht das, wo sind deine Häfen, deine Güterhallen? Wo kehrst du um, worum kreist deine Stimme?

Wind, unbefiedert und doch des Fluges mächtig. Wind, allweg wandelbar, ohne Gesicht und Geschlecht, ohne Erinnerung und Erfahrung, nicht zu haschen, zu sehen nicht, nur zu fühlen, zu hören, und deine Rückkunft nie zu erwarten.

Segel, prall, fangen dich ein und fliegen mit dir auf Meeren dahin, doch ohne Treue ist deine Verheißung. Wie traurig ein Segel ohne dich, wie matt die Stille, da du dich entzogen.

Deine Spuren, Wind, wie unbeständig; die Bäume wachsen nach, das Gras erhebt sich, Riss vernarbt, bis du wiederkommst. Immer und überall doch bist du neu, erfrischend deine Weile; nie verbraucht, nur verwandelt, als Sturm geballt, einsam flüsternd als Lüftlein, zag und zephyrn.

Der Wind dieser
Unbeständige Unhaltbare
ohne Gestalt:

sieh nur und lies
was er im Dünensand dir
zärtlich vermacht hat

Zeile um Zeile.

Farbetüden

Die Rapsfelder in scharfen, langgezogenen Streifen sind erblüht. Jedes Feld in seiner Geschlossenheit sondergleich. Jedes in streitsüchtigem Gelb, herausfordernd und alarmierend. Ohne Einklang mit den Wiesen dazwischen, den verschlafenen Äckern, den Wäldern.

Jedes Rapsfeld ein gelb brennendes Signal. Scharf und grell alles Grün unterdrückend. Jedes eine Phalanx von schreiender Selbstherrlichkeit. Bis sie von Tag zu Tag allmählich untergeht im alles einholenden Grün.

Über Nacht, kommt dir vor, hat das Grün alles besetzt, hat die Wälder eingenommen, die Wiesen überschwemmt, ist Hänge und Hügel hinaufgestürmt.

Grün strotzt in Büschen, trotzt Straßen dahin, wildert durch Alleen, flammt in den Pappeln.

Da hinein, da dazwischen ist das Gelb erwacht, der Wiesen Löwenzahngelb, jede Blüte ein Sonnentaler. Warmes, aus Tiefen erblühtes, ja mastig volles Gelb, das unter der Sonne aufleuchtet. Wie es prangt in seiner Pracht, wie es prunkt. Wie es protzt in Sattheit, dieses verschwenderisch ausgestreute Gold.

Löwenzahnwiese: wie vom Glück heimgesucht.

Der Himmel wolkenvoll grau, von Rosa und Silber durchwittert. Und grau wie Zinn der See, manchmal dunkler, dann wieder wie blankgeputzt. Und seltsam klar und luftlos die Helle, unter der die Ufer herangerückt einander nah sind. Wie in Einigkeit.

Grauwolkenhimmel so voll, und der graue See, in dem er sich spiegelt, so gehoben, dass er unter den Uferbäumen steht.

Von den Bergen herab wallt das Grün, das dunklere der Wälder, das frohe der Wiesen; wogt durch die Täler, fällt hügelab in Kaskaden dem See zu, ihn einnehmend.

Grau und Grün, ganz im Zusammenklang: Das wogende Grün der Berge so trunken und satt unterm wallenden Regenhimmelgrau über der grauen Palette des Sees.

Überall der Holder in Blüte. Weiße Teller voll süßen Duftes. Blüht Jahr für Jahr zusammen auf mit den Rosen. Rosen rot und butterweißer Holder im ersten flimmerhellen Juli: o diese lichttrunkenen Tage, die dahinfluten und im Schwall der Wärme untergehn. Wo alles gegenwärtig ist und zeitlos verzaubert, als kreisten die Zeiger der Uhr, ohne die Stunden festzumachen. Als sei alles eingefangen in einem randlosen Mittag.

Holder in Blüte, und wie viele Holderbüsche zeigen sich auf's Mal rundum, demonstrieren eine Vielzahl, die übers Jahr hin verschwiegen bleibt und die man nicht wahrnimmt, so eingefügt und angeschmiegt und so ohne Ansehen wachsen sie vor sich hin im Wildwuchs.

Wo alle anderen Bäume längst ausgeblüht haben, halten sie ihre Blütenteller bereit und künden an: Jetzt ist Sommer. Sie, die Anspruchslosen an Halde und Wegrand, zwischen Häusern und Schuppen, von keinem gepflanzt und doch da, unbesehen herangewachsen ohne Aufwand und Pflege, sie sind in Fülle da. Unausrottbar wie Märchen.

Es blühen die Blumen mir in die Augen,
sie strahlen mich an,
blühfreudig
entfalten sie sich in Unschuld.

Mich muss es beschämen, ich kann
ihnen nicht gleichtun,
nichtssagend
bin ich für sie, nicht ihnen gewachsen,

doch göttlich angeduftet
von ihrer Schönheit.

Grün und Grün und Grün

Ich fahre im Regenmorgengrau dahin, durch die Pappelallee im noch zaghaften Grün des frühen Frühlings, vorbei an gründämmernden Wiesen, erwachenden Wäldern. Das Grau des Himmels spiegelt sich mal versilbert, mal verdüstert im nassschwarzen Asphalt. Regentrunken stehen die Bäume da, tropf-schüttelvoll. Alles lauscht dem Regen – innehaltend. Wiesen mit weitem Schoß, die Bäume mit offenen Armen empfangen befruchtende Nässe. So alles in Regenfall und Auffang, alles schweigend berauscht.

Bergan in den Wald hinein. Die Buchen alle im jungen Grün, ihre Äste vom Regen schwer hängen tief in die Straße. Helle Grünblätterfächer, die einander überdachen. Dieses frisch erwachte Grün der Buchen, deren silberne Rinde schwarz geworden ist vor Nässe. Schwarzglänzende hohe Stämme und Äste, die von beiden Seiten her ihre Blätterdächer über die Straße ausbreiten.

Brandheißer Sommer, ein Flirren über den Feldern, es treibt mich tief ins Tannendunkel des Waldes. Auf dem Pfad ist gut gehen, die Kühle eine Wohltat, kein Laut unter den hohen Bäumen, die in Verschwiegenheit beisammen stehen. Kein Himmel zu sehen, nur da und dort funkelt ein Lichtgeblitz. Eine Sonnenbahn steht schräg zwischen den Stämmen und da eine, die auf den Ast einer Buche trifft: ein einzelner, herabhängender Ast mit aufgefächerten Blättern, die durchsonnt in einem fast magisch transparenten Grün leuchten, einziges Grün in dem so tannendunklen Wald. Jedes Blatt golden umspielt.

Mir ist: Grün, lichtes Grün steigert sich in Verzückung, wenn ihm ein Goldsaum zukommt. Der Mantel Gottes, wollte ich ihn malen, dann in diesem goldgesäumten, goldenen bestickten Grün, ganz freudige Gegenwart.

Nachbars Heidschnucken

Auf dem Weg hinterm Haus hinauf liegt ein Teppich aus Laub, Blätter von Haselbüschen, Zwetschgenbäumen, Birken und Eichen, vom Zufall durchmustert.

Der Tobel öffnet sich, hangab auf der Wiese liegen die Heidschnucken reglos lauschend und äugend; liegen vereinzelt wie graue, schön modellierte Brocken so still. Und doch haben sie mich ganz in ihrer Wahrnehmung. Schwarz der Kopf mit dem gerundeten Gehörn, das langsträhnige Fell geht vom Grau ins silberne Weiß. Sie, die Schreckhaften, springen nicht auf; sie kennen mich, aber sie sind, das spüre ich wohl, auf der Hut. Sie lassen sich nicht locken, anerkennen nur den Ruf ihres Herrn, wenn der das Gatter öffnet zur anderen Weide oder sie heimholt zum Heu und zu den Äpfeln, die er ihnen vorwirft. Aber fangen kann auch er sie nur mit List, wenn es gilt, ihnen die Klauen zu schneiden oder das Fell zu scheren oder eines zu schlachten. Bei Gefahr rauschen sie davon und stehen erregt witternd beisammen, dicht gedrängt, aller Köpfe gleich ausgerichtet, alle unterm Zwang eines gleichen Befehls; so einheitlich ist ihre Reaktion. In der Angst sind sie sich alle gleich, da weicht keines der Tiere ab, keines schert aus. Wie das Einzelne, so verhält sich die ganze Herde.

Ist die Gefahr vorbei, streben sie wieder auseinander, verteilen sich dahin, dorthin, bleiben aber bei aller Zerstreuung im Verbund.

Winters hängt ihnen das Fell fast zum Boden und schlackert mähnig um die dünnen, schwarzen Beine und wippt und wallt, wenn sie davonstürmen. Gute, bescheidene Tiere sind's, aber aus Vorsicht eigenwillig geblieben, ja selbstbewusst; sie lassen sich nicht beherrschen.

Kürbisfülle

Vor dem Haus steht unser alter Schubkarren mit einem einzigartigen, riesigen, halbzentrigen Kürbis. So recht ein Bild für dich, sagte der Maler Emil Wachter zu mir, sieh nur: Diese verrostete Wanne, darin der hellgelbe Kürbis, seine Schale schön geriffelt und durchkrakelt, rostfleckig das rote Rad, an den beiden Holmen die blauen Griffe … das ruft einen geradezu an, gemalt zu werden.

So ein Kürbis alleine ist schon ein Ereignis. Wächst aus dem Komposthaufen hervor ganz still und unheimlich rasch. Ranken und Trieb züngeln dahin, dorthin voran, gedrängt von einer untergründigen Kraft, und was sich da zärtlich verzweigt, ist voller Gier nach Licht und Wuchs und hat, bevor man's richtig merkt, den ganzen Haufen mit breiten Blättern überschirmt. Hervor steigen die gelben, tulpigen Blüten, verfallen bald matschig, und aus ihnen bläht sich mastig die Fruchtkugel heraus, liegt schwer auf dem Humus, wächst sich aus zur mächtigen Kugel, so prall wie ein Geschwür. Nebenan wachsen andere heran wie im Wettbewerb, handgroß, bauchgroß, schwangerschwer, und leuchten gelb und golden hervor. Und all das mit vegetativer Kraft herangewachsen aus oblatenfeinen, ovalen, silbernen Samen, die in den Humus gesteckt worden sind und der nun durchwurzelt und von Ranken durchschlungen gänzlich ausgezehrt und ausgesogen wird, derweil die mächtigen Blätter unersättlich Licht und Sonne trinken. Welch eine Demonstration der Vita vegetativa: vitaler Hunger nach Fülle.

Arenenberg

Der See, aus der Höhe geschaut, offenbart sich dir anders als im Schatten einer Weide am Ufer, wo du vernarrt ins Wellenspiel dich verlierst. Hier von oben ist es herrscherlich leicht, mit Augen seine Vielfalt zu umfassen. Hier magst du den Überlegenen spielen.

Und ein anderes, gerade hier, entdeckst du. Dir ist, als sähest du neu und anders. Alles zeigt sich deinem Blick in sonntäglicher Frische, wie eigens herausgeputzt und eingefärbt. Das macht die Sonne, mit der du schaust, nicht gegen sie wie am deutschen Ufer, wo Helle dich anflimmert und Atmosphäre sich impressionistisch verdichtet – leicht und luftig beschwingt, wird dort der See zum Aquarell, pastellzart ist die Luft »getempert«, und das helle Blau über den Alpen mag in uns Deutschen jene unsägliche Sehnsucht nach dem Eichendorffschen Italien wecken. Was uns so weich und sentimental stimmt. Hier oben auf Arenenberg ist es anders. Die Sonne im Rücken, da schauen wir offenen Auges, schauen wimpernlosen Blicks ins Land, das herausmodelliert und fassbar vor uns liegt. Die Konturen sind schärfer, die Farben satter, wie ausgeleuchtet alles, von ungetrübtem Glanz. Ein männlicher Blick, nicht in Unbestimmtes hineinträumend, sondern der wahrnimmt und zupackt.

Arenenberg: Das ist eine neue Aussicht auf unser Land.

Jeder kennt ihn als Silhouette

Ob gegen Morgen oder Abend, der Konstanzer Münsterturm auf der schmalen Linie zwischen Bodanrück und Seerücken, zwischen See und Himmel taucht auf als ein hochgereckter, breitschultriger Quader mit kurzer Turmspitze in der Mitte. Mir kommt er anders vor. Denke ich an ihn, sehe ich mich auf dem Vorplatz, der so schmal geraten und von Bürgerhäusern umgürtet ist. Da reckt er sich mächtig empor, massig in seiner Architektur. Da ist er ganz monumentale Gegenwart, ganz Wucht.

Rund um den See ist Architektur selten monumental. Mauern aus Wacken bleiben irdisch gedrungen, Barockes zeigt sich versöhnlich-verspielt, und was sich zur Größe erkühnt hat, ist bald vom Grün der Bäume umrauscht.

Die Turmfront des Münsters richtet sich nackt und fest auf, das Silbergrau des Sandsteins verdunkelt unterm Regen, und mir ist, als ziehe der hochbrüstige Quader stets den Regen an, sobald ich unter ihm vorbeieile und kaum den Blick nach oben wage, wo die breite Brüstung die Turmspitze verdeckt. Auf dem Platz, kommt mir vor, ist es immer zugig. Unter den dahinziehenden Regenwolken scheint die graue Masse zu wanken, als wollte sie allsogleich über mich herfallen. Mir ist, als müsste ich um die Ecke schauen nach dem, was sich dahinter zeigt, oder die Stufen ins Portalhaus hinauflaufen unter den Schutz des mächtigen Kreuzes über dem Doppeltor.

Barock

Der Abendhimmel erblühte.

Was vorher ein Regenwolkengrau war und in eintöniger Finsternis über dem See hing, bleiern und undurchdringlich: aufgebrochen nun, durchschossen und durchblitzt von den Strahlenbündeln der Abendsonne.

Dahinter erhaben ein Blau, makellos und licht, ätherisch wie eine Offenbarung, und die Wolkenwand aufgelöst in viele Wölkchen, von der Sonne durchgoldet, im Funkelglück. Und Wolkengewebe zart wie Gaze, Schleiergespinst aus hellem Grau, aus rötlichem Hauch.

Über den Bergen ein Wolkengebräu, das in Helle überschäumt zu einer herrlichen Stadt, einem hingeträumten Utopia.

In leichten Bewegungen, Gegenparaden dahin ein wechselndes Spektakulum, überaus still und doch konzertant, wenn die Sonnenstrahlen gleich hellen, siegreichen Fanfaren hernieder schmettern auf die Hügel, die aufjuchzen im Grün, auf Bäume in ihrer verzückten Gebärde.

Lichtfanfaren, Lichtposaunen, die aus der Sonnentiefe strahlenförmig hervorschmettern. In denen die Wölkchen verzehrt werden zu Goldprunk, zu Flockengefunkel. Licht, das sich einen Kreis schafft, der immer weiter wird und die Wolken, die vielen allum, hell macht und rosa und leicht und licht und sie vereint zu einer Versammlung von Entzückten.

Mir offenbar: Das ist der Barockhimmel. Und leicht hinein zu denken ist die Mater Gloriosa, umgeben von all jenen, die das Erdenleid überstanden haben und nun himmelwärts streben, ins Himmelslicht, gleich den Wolken, wie auch die Wolken gleich den Erlösten sind.

Das ist der barocke Gedanke, sein Bildgedanke: Die Mater Gloriosa als Inbild, um das alles kreist, was von der Menschheit erhofft wird – aus der Drangsal des Weltgewitters, aus der bleiernen Schwere der Düsternis, aus der Not des Unheils, aus Elend und Qual und Angst befreit und empor ins Licht göttlicher Erlösung. Wie auch die Heiligen um sie, beim Namen gerufen und erhoben, und deren Gewandfalten ganz so wie die Wolken, in Geball und Gebausch des Frohlockens.

Schloss überm See

Im Mainauer Schloss der lichte Weiße Saal, einen erhebend, zum Aufblick begeisternd, das ja, und Dasein feiernd; aber mein Verlangen geht nach der hohen Fenstertür und da zum schmalen Balkon: Wie flutet da einen Lichtfülle an, stark und blendend wie nirgendwo sonst auf der Insel, zumal an einem Morgen im Maienglanz. Die durchsilberte Weite des Sees führt ins Unbegrenzte und vereint sich mit der Heiterhelle des Himmels.

Du fühlst dich getragen, gehoben, dir ist's ein Schweben, du musst dich festhalten am kunstvoll verrankten Gitter, so luftig frei ist die Höhe, die dich anzieht, so abgründig die Tiefe, aus der die mächtige Schlosswand heraufsteigt, so schräg herauf unter deinem Blick, als neige sie sich unheimlich leise dem See zu.

Das Auge sucht Halt in der Ferne. Geraden Blicks dir gegenüber und über dem flimmernden See steht Meersburgs besonnte Architektur in Rosa und Silbergrau, aufgeblüht wie ein Orplid, »das ferne leuchtet«.

Auf beiden Seiten des Sees die Silhouetten langgezogener Rücken, links die deutsche Seite im erwachenden Grün, rechts in bläulicher Ahnung die Höhenzüge der Schweiz, Schicht um Schicht in zarterer Melodie, und der Säntis mit seinen Trabanten nur noch ein Gebilde aus Hauch.

Fülle des Lichts, so verschwenderisch, Sonnenhimmel und Seeschimmerglanz, Luft und Wasser vereint im Leuchten; mir ist's auf dem schmalen Balkon wie ein Schweben, beflügelt ist mir zumute zwischen Schau und Erschauern.

Aber ich bin nicht Ikarus, der trunken von Schönheit abstürzt. Ich halte mich fest am Geländer.

Der Himmel wäscht freudig
sein Blau im See
den Wellen zur Lust:

gern lass ich mich draußen am Steg
narren von Wassers Glanz,
wie über die weiße Schiffswand hin
er lichtert und neckt
mit seinem Geflunker,

und unterm Wellenschlag
ein Fischgeflugse –
wie silbert es auf und
dahin wie alles
im Dasein dahin.

Griechenland – auch auf der Höri

Oberhalb von Hemmenhofen. Griechenland – weht es mich an. Hinterm Tannengrün geht der See in Bläue, seiden und hell. Das Blau des Sees ist des Himmels Blau. Blau, Fernwehblau nach dem Osten hin: Kommt nicht von dort, einen Silberflimmer ums Gesicht, blauäugig Aphrodite, auferstanden mit der Morgensonne aus rosigem Nebelbett? Rhododaktylos Eos. Griechenland. Nicht, weil ich auf dem Suso-Gymnasium Griechisch gelernt habe. Nicht, weil, blick ich nach Konstanz hinüber, mir dieses Griechisch zurückkommt als eine Traumseligkeit meiner Jugend. Griechenland. An einem Septembertag stelle dich auf die Höhe der Höri. Schau, wie sanft so ein Blau ist und hell. Wie ein Vers von Hölderlin kommt es dir vor. Du schaust auf den Untersee und hast die Ägäis vor Augen. Das Licht der Abendsonne tränkt das andere Ufer: ein Fenster blitzt auf, der weiße Giebel eines Hauses, eine Häuserzeile von Steckborn. Im Osten aber der See voll rosiger Tupfer verschimmert, klingt aus wie ein Gesang der Odyssee. Griechenland, denke ich, ist, was man sucht. Auch auf der Höri.

Brief an eine Klosterschwester

Brueghel hätte gemalt auf Teufelkommraus,
säße er hier wo ich hause,
winters vorab, wenn aus dem Schnee
des Dorfes Ziegelrot leuchtet
und hinterm Astgewirr
des Kirschbaums
Bauern auf Schlittschuhn
über das Eis taumeln.

Auch unter des Sommers gläserner Kuppel
mit Mövengeblitz und der weißen Geometrie
der Segel (Birnblütenweiß und du,
keusches Weiß der Schwäne im Frühling,
kommt wieder!)
strömt ein Blau dahin in Sanftmut
seiden und weh.

Hölderlin möchte hier träumen,
der Heimwehkranke, von helleren Stunden,
säße er hier und sähe,
wie der Rhein aus dem Bodensee springt
einer Schlange gleich mit purpurnen
Schuppen im Abendsonnenbrand.
Und hinwandeln Wälder
in Prozessionen talab.

Dich beschwöre ich, Schwester, hierher,
du gute Irmgardis,

da das Licht die Zinnien umgeistert
und die Sonnenblumen sich drehn vom
Morgen zum Abend;
trotzig stehn sie im Saft und
schwenken die riesigen Herzblätter
im Wind.

Und Rosen altjüngferlich samten
schützen der Eidechsen Spiel,
die von Fliegen leben, von fetten im
bläulichgrünen Gefunkel.

Am Ufer gedrängt
fackeln Pappeln empor,
lecken hinab in den Wellenschauer des Sees,
und Weide und Rebengewölk
verwildern ungestüm still.

Gurken wuchern im Garten mit
züngelndem Trieb und der Kürbis
ballt sich ins Gelb
und Tomaten feist und prangend
beugen den Stecken.

Kleewiesen schäumen ums Haus,
doch drinnen wohnt keine Irmgardis,
drinnen schreibt keine Irmgardis Briefe
herzwarm in zierlicher Schrift,
und keine Irmgardis liest Bubers Weisheit
dem malenden Bruno.

Dieser pinselt mit Rotmarderpinseln
versonnen ein Blau zum Kleid einer Puppe,
kräuselt ein Weiß um den Hals ihr,
der Schwarzpechsträhnigen,
die mit Augen aus Heimlichkeit
in die Welt träumt.

Leer bleibt der Stuhl
und keine Irmgardis rauscht durch die Tür
mit Lächeln,
und deckten wir ihr den Tisch, wir
deckten umsonst wohl;
umsonst das Provencegeschirr aus Ton und
braungelb glasiert, das wir
in Sankt Gallen gekauft –

(von dort steigt der Weg nach dem
grünen Appenzell hoch, dem rinderreichen,
mit bärtigen Männern, die am
Hag stehn ganz übertönt
vom Glockenjubel der Kühe).

Ach, so essen wir beide, betend
vergebens »sei unser Gast«, auch
des Himmels Vorsehung beschert uns
keine Irmgardis.

Wo nur magst du jetzt weilen,
du Schwester, wo nur
musst du jetzt reden und Wege weisen

den andern,
wo nur ein Weg zu wissen ist:
hierher nach Wangen,
allwo Freude im Überschwang blüht
und göttliche Freiheit.

Im Frühsonnenlicht

Das Kirchlein von Hemmenhofen, Sankt Agatha geweiht, steht weiß im Frühsonnenlicht. Drinnen, während des Evangeliums in seiner Sprache von eindringlicher Einfachheit, kommt mir vor, als sei Palästina ganz nah, ja hierher versetzt an den Untersee, und das Land darum von Gottseligkeit erfüllt. Bethanien klingt mir wie Bettnang. Und Sinai wie Schienerberg. Und während der Predigt ziehe ich mit den Jüngern Jesu hinauf an den See Genezareth und habe die Höri vor Augen. Ich sehe das Kirchlein in märzlicher Helle, sehe den See in durchsilbertem Blau, die Pappeln und Weiden im rötlichen Duft des Erwachens, die Äcker, vorösterlich, in ihrem nackten Braun, und über dem Hag schimmern die Weidenkätzchen.

Die Reichenau taucht auf im Osten, wird mir ursprungsnah, in Konstanz singt der selige Seuse, und während der Pfarrer am Altar das Sanctus betet, beten am Steckborner Ufer im Chor die Nonnen mit, die namenlosen, vom lang schon vergessenen Kloster Feldbach.

Suso

Der selig
hainrich süs
ze costentz geborn
am bodmersee

1
di Härz ischt
on onzige
Süfzger
süeß

uf di loot
s Jesuskind
Rösle schneiele

bis ders
drimmelig ischt
vor Freid

2
mit zuene Auge
ischt dirs innedinne
glitzriger wie de See
und diefer wie
s Obedrot
wo vefließt

dir isches
ein suezes nu
und bisch
wonooch dichs gluschtet
randvoll
suezes trostes und
verborgens liebes

Suso
süeß und lieb

3
aber wart nu
dir dont sis no
d Leit
triibet de Bosse mit dir
wies de Hund macht
mit eme Lumpe
im Muul:

spilet demit
bevor ern verißt.

Reichenau

Wolken, wattig mit lichtem Rand, an den Himmel getupft. Schwerelos schwebend. Windschauer überm See, gelbe Pappelflammen, Schilfstreifen. Im Blaugeflimmer liegt die Reichenau. Weiße Flecken: Häuser. Die Zwillings-

türme von Niederzell: Peter und Paul. Mystische Zelle, wo
der See am zartesten ist, am lichterfülltesten. Nirgendwo
Härte, nirgendwo Schroffheit. Wasser und Himmel sich
geschwisterlich nah. Die Uferhügel wie ferne blaue Wogen.
Seespiegelgleichnis: Das Wasser trunken vom Himmel. Zellenmystik: Das All im kleinen, das Nahe eine geschmückte
Initiale. Hieroglyphe Reichenau.

Dominus Herimannus Contractus
oder
amiculus liup Herimannulus

De Bertold din Schüeler hots gwisst,
au din Brueder Werinher hetts kenne sage,
i wosses it,
wie du gschwätzt hosch
in hac lacrimarum valle,
du Heriman
Graf vu Alschhuuse,
wenns it Latinisch gsi ischt
firs Mathematikbuech
oder en Himnus
oder fir selle Chronik, wo aagfange hosch
bi Jesu Geburt und geschribe bis zu dim
eigene Dod.

Wie aber,
sell hett i gern gwisst,
hosch gschwätzt underdags, wo als

ghockt bisch im Dragstuehl
i de Sunn dunn am See –
hot mer sellmool scho gschwätzt wie heit,
wenn mit eme Fischer vu de Au
ime Hecht sini Grät untersuecht hosch
und er dir langs und breits verzellt,
wie me e Trüsche packt
und dass d Läbere vu däre
fett und fin
de bescht Leckerbisse wär,
grad rät firs Markusfäscht.

De quadratura circuli,
ich glaub ders,
hosch kenne nu i de Sprooch vum Cicero schriibe,
und au di Lied vu de Alma redemptoris mater
hosch gsunge wie alle im Chor.

Aber sag,
sell dät i gern wisse, wie hosch,
eloonig i dinere Zelle
e lange Nacht lang plooget vu
Breschte und Schmerz,
wie und i wellere Sprooch
hosch bättet
hosch gschwätzt mit de Moddergottes
so wie mit de eigene Modder
e guets warms Schwäbisch
so wie dehomm
im Alschhuusener Schloss?

I mag mers andersch it denke,
vil andersch, i monn,
dürfts au it gsi si,
as wie en Alschhuusener heit no schwätzt
und allno kaasch heere dohunne am See.

Gedichte

Frühling 1956

Welche Hand hat all den Schnee verwischt –
durch Gärten zieht ein
weißes Heer Schneeglöckchen
mein Fenster jubelt Hyazinthenduft

Über hellen Augen regnet
des Frühlings Benedeiung
bald stehen Apfelblüten
in Rosa verzückt

Der Frühling tanzt durch
blumiges Tamtam
von Höhen tropft das Blau
auf Schwalbensehnsucht

Blütenweiß springt über
Barrikaden
und Bäume taumeln in Trunkenheit
allnächtlichen Duftgewitters

Altes Stück Mond überm Tal
Die Wälder weihen sich dem Grün
der Morgen ist bestickt mit
Amseltönen

Ein Zittern läuft hügelan durch
Blütendämmerschein
und aus dem Wolkenmittag erhebt sich
des Frühlings Braut.

Wenn ich fröhlich bin
lebe ich
im Schwalbenhimmel

Nur wenn ich fröhlich bin
finde ich die
blaue Türe hinein.

Die Wiese hat ein weites Kleid
mit Löwenzahnmuster
herrlich
da weiße Wolken flockig
dem Tag auf die Stirn fallen.

Die Sonne schickt
ihre Immen aus:
O wie es sprüht
um mich
goldfunkelndes Gesumm.

Heute hat der Himmel
Blaubeertag
die Vögel machen sich hoch auf
ich warte dass mir
etwas abfällt

Blaubeeren aus tiefem Bottich
verkauft der Himmel
die Spatzen sind vergnügt
nur ich habe kein Geld.

Manchmal vergesse ich mich
einfach so:
ich lasse mich am Wegrand stehn
und steige beglückt
die himmlische Tonleiter hoch

Ach
immer erwache ich
in meinen Armen
so traurig.

Der Tag ist da

Eine helle Glocke
hat den Schlaf mir weggeläutet
ich sah mein Fenster
ganz von des Morgens Herzlichkeit
überblüht

Der Tag mit seinem Kinderlachen
hat mich hinausgerufen
die kleinen Vögel sind davon erwacht
sie lassen all sich
aus den Bäumen fallen

Dem Stall der Nacht entsprang
ein Wolkenschimmel
ich möchte mit ihm über Städte reiten
O seine rosa Flanken überm Fluss

Fasanenleicht huscht es mich an
war es der Wind?
Der Fluss rauscht wie zuvor
und Wiesen sticken sich
blumige Muster ins Kleid

Bald bist du da
mein Blick hüpft in dein Lächeln
voll Ungeduld
dass du mich fängst.

Blaue Glocken
läutet der Wind
am Ufer
über verschwiegenen Hügeln
naht einer Taubenwolke
Geschwirr

Ich tauche den Finger
in die Luft
und schreibe übervoll mein Herz
im Frühlicht der Liebe.

Aus den Bergen übers Land herein
erscheint ein Heißluftballon

in voller Pracht so rot erblüht
so still in Erhabenheit schwebend

dass das Land aus seiner
Versunkenheit aufschaut

im Staunen erbebend.

Die Nacht tritt ab
leis wie gekommen
im Osten werden die weißen Fahnen gehisst
zum Auftritt der Sonne

Schon tigert sie
über den Rücken des Berges
blitzenden Blicks

schießt ihre Pfeile
bündelweise ins Wolkengebräu
und Stufe um Stufe hinab:

Die Matten ergrünen
es jubeln die Pappeln am See
der silbern blinkt in Verzückung

Die Menschen frühauf trinken
vom Duft der tauigen Frühe
indessen schmettern die Vögel
Girlanden von Baum zu Baum

Aufleben die Straßen alle
vom Gesumm der Motoren
Aus traumtiefem Tal
schauen die Wälder verwundert
dem Tag ins Gesicht.

Noch frisst ein Auto alle Straßen auf
die Bäume flüchten hinweg
es schrecken die Berge zurück

aber schon rasseln zornig die Sterne
der Mond der haut auf die Pauke
bis alles schweigt.

Im See ertrinkt der schöne Tag
ein Schauer wallt heran
es dunkelt ein:

Der Tod durchstreift das Dorf
bringt mit Bedacht am schönen Haus
den Zinken an.

Das Jahr verblasst
in Baum und Mund
es flötet durch Hecken
Verwehn

Den Liebenden steht
eine Kammer bereit
am Teich nur
weint ein Warum.

Der Winter kommt zu sich:
es schneit
in Keuschheit verwandelnd das Land.

Mit erfrischten Augen
sehe ich neu
auf dem Weiß zart hingezeichnet
Baum bei Baum mit verzücktem Geäst.

Den Weg hin folge ich
denen die mir voran sind –
meine Tritte in ihrer Spur.

Aufflattern Krähen
und suchen das Weite.

Mein Ohr ist voll der Stille,
ich fühle mich frei.

Eigensinnig hinein ins
Unbetretene
stapfe ich weiter und weiter

einig mit mir.

Was sich ausgelebt hat
im Herbst –
den Winter lässt's kalt,

er macht reinen Tisch
und breitet darüber die
Decke aus Schnee.

Bald wird er rufen:
spring, Frühling, spring herbei
geräumt ist das Feld

komm und tisch auf
was unter deinen Händen in
Werdelust üppig herangeblüht ist.

Die Hand bezeugt mein Sinnen:
bekreuzigt im Dreieinen
trete ich in den Tag,

spanne die Arme aus und
trinke Luft,
atme und werde mir des Atmens
bewusst,
meines Lebens

auf dem Weg, von dem ich
nicht ahnen kann,
wie er mich aus dem
Kreis der Widersprüche
hinausführt,

im Sehnen dorthin,
aus der Ferne endlich
den brennenden Dornbusch zu schauen.

Mit Sanftmut blickt
das blaue Auge des Septembers
auf den Hügel
wo in die Reben eine Starenwolke
prasselnd einfällt

Leben liebt Leben
in schwelgendem Lustgebraus

Noch feiert der See
golden Abschied von der Sonne
für eine sanft verzögerte Weile

Bald bald und achtlos kalt
werfen allum die Nebel
ihre Schleier darüber aus.

Im Aufrausch die Wälder
durchflammt vom roten Laub

des Herbstes Fanfare
wie klagend schön ihr Getön

wie froststill erstarrt das Land
noch ehe die Herbstzeitlosen
im Nebel verblassen.

Erinnerte Kindheit

Eine Trilogie

1 Den See vor Augen
Kindertage

Beim Angeln

Der Angler an der Mole hatte die Ruhe weg. Er stierte auf den rotweißen Zapfen, der im leichten Gewell schwankte, und hatte den Blick dafür, wann er die Rute mit einem Mal zu heben oder seitlich auszuschlagen hatte.

»*Hot oner aabisse?*« fragte ich.

Der Angler blieb stumm. So einer macht keine Worte.

Das musste ich einsehen lernen, dass es da nichts zu fragen gibt, rein nichts, als abzuwarten oder sich davon zu schleichen.

Plötzlich zuckte der Zapfen, tauchte unter, der Angler riss die Rute hoch, dass sie sich bog, kurbelte, dass die Silkschnur spannte, glatt und silbern kam ein Fisch zum Vorschein, wie drangezaubert. Er hob ihn heran, packte ihn mit sicherem Griff, löste ihm vorsichtig den Haken aus dem sich blähenden Maul; ich fühlte mich von des Fisches angstvoll kugeligen Augen angestarrt, mir war, als werde ich von ihm erkannt und für immer fixiert.

Der Angler warf mit Wucht den Fisch zu Boden, wo er zappelnd und schnellend sich zerquälte, holte das Messer aus dem Sack, schlug mit dem Knauf ihm eins über den Nacken, schlitzte ihm den Bauch auf, riss die Eingeweide heraus, auch die beiden Luftblasen, warf sie in den See zurück, steckte den ausgenommenen Fisch in ein Tragnetz, das er an langer Schnur im Wasser versenkte und am Haken des Schiffpfahls einhängte. Er öffnete eine alte Blechbüchse, zog aus dem Humusgeknäuel einen Wurm heraus, spickte ihn mit Bedacht an den Haken, dass er gekrümmt, aber richtig mit beiden Enden festgespießt war, schwang die Rute weit aus und jagte Wurm und Zapfen in hohem Schwung in den See, dass die Schnur nur so surrte. Und wieder stilles Verharren, als habe sich nichts ereignet; der Angler stierte ins Wasser und tat, als sei ich Luft.

Gundele

An der westlichen Ecke der Mole hatte der Honsel seine Ruderboote, die er vermietete, an der Kette liegen.

Honsels wohnten unterhalb von uns im selben Haus. Bei jedem Wetter hockte er bei seinen Booten und hatte, wenn unterm Sturm die Wellen heranschlugen, alle Hände voll zu tun, dass die Boote nicht übereinander geworfen wurden. Er ließ sich gern von älteren Buben helfen. Die zogen ihm die Boote über Rundhölzer die schiefe Ebene hoch, die stießen die Boote, wenn ruderwillige Gäste darin Platz genommen hatten, ins Wasser, die schöpften auch das Wasser, das der Regen in die Boote gejagt hatte, mit Holzkellen wieder heraus. Als Entschädigung durften sie ein bisschen *gundele*. Sie ruderten in Sichtweite herum, bis der Honsel sie zu neuem Einsatz zurückpfiff.

Ich, der kaum Sechsjährige und Jüngste, hatte bald sein Vertrauen erworben, schöpfte fleißig das Wasser aus der Gundel, dirigierte die zurückkommenden Ruderer an den schmalen Platz zwischen den daliegenden Booten, zog, halb im Wasser stehend das Boot am Kiel heraus, hob die Ruder aus der Halterung und legte sie korrekt ein. Kurz, ich handhabte alles zu Honsels Zufriedenheit, der von seinem überdachten Sitz oben alles überwachte. Dann kam ich, sobald ich alles erledigt hatte, mit der immer gleichen Frage: »*Herr Honsel, därf i ewäng gundele?*«

Ich durfte, mit einem sogenannten Einsitzer, und wurde, kaum hatte ich Platz genommen, vom Honsel selbst oder einem seiner jugendlichen Helfer hinausgestoßen. Ich legte die schweren Ruder aus und meisterte den Schlag recht bald: Nicht zu tief, sondern immer schön flach rudern, sonst bleiben die Stangen im Wasser stecken und es gibt ein Gewürge und Gewuchte; auch nicht zu weit ausholen, sonst haut's die Ruder aus der Halterung. Mir war's eine Seligkeit, ich spürte was von Gefahr und Freiheit, wenn ich vom Bootsrand aus in das abgrundlose Grün des Sees blickte. Da packte mich ein wohliger Schauer. Das war anders als dieses mit brav verschränkten Armen Dahocken in der *Kinderschuel* und das ganze *Dätelig*-Getue bei Ringelreihen und das In-die-Hände-Klatschen, wenn der Bi-ba-butzemann im Kreis herumtanzen musste. Da war ich Mann und Held, bis der gutmütige Honsel mich an Land zurückpfiff.

Spiel unterm Tisch

Im Flur der Tisch, mit Decken verhängt, das war für uns Kinder ein Haus, ein Schloss, eine Höhle, wozu immer wir im Spiel ihn bestimmten. Das stopften wir mit Teppich, mit Kissen aus, mit Puppen und Spielzeug, da konnten wir ungestört nisten und nesten, wir schlüpften hinein und hinaus, da lagen wir nebeneinander in Geborgenheit und stellten uns schlafend, oder wir suchten Unterschlupf und ließen es draußen donnern und blitzen. Da hinein verkrochen wir uns vor Drachen und Riesen, die konnten uns da nicht finden. Oder wir spielten Vater und Mutter, kochten auf dem Puppenherd das Essen für die Kinder, fütterten sie mit all dem, was wir selber am liebsten gehabt hätten: mit Schokoladensuppe und Erdbeerauflauf. Wir legten sie schlafen, rissen sie aus dem Bettchen, schlugen den Unartigen den Hintern voll, trösteten sie und wiegten sie im Arm. Die Puppenkinder ließen sich alles gefallen, sie waren uns hörig und ausgeliefert.

Eine Puppe, ein Geschenk der Patin, hieß einfach »Gotte«. Sie war ein langes, zähes Stück aus Leder mit baumelnden Armen und Beinen und einem kleinen Kopf aus Zelluloid. Die wurde über viele Jahre hin mitgezogen, herumgezerrt, und sie hielt durch. Wenn die schöneren Puppenkinder ihre Haare beim emsigen Kämmen verloren, wenn ihre beim Wiegen auf- und zuklappenden Guckäuglein mit den langen Wimpern erstarrten oder herausfielen, die »Gotte« hielt durch und aus, was immer sie mitzumachen hatte.

Sie überlebte alle anderen.

Im Flur der Tisch, da war, bei herabgelassenen Decken, die Dunkelheit heimelig, war bergend und von einer Traulichkeit, in der man einander sagen konnte, was einem am Herzen lag. Und schön fantasieren ließ sich da und etwas ausmalen, viel leichter als in der Helle. Da war es auch, wo sich ein Kummer austragen ließ, und fast so behaglich wie auf dem Schoß der Mutter.

Glück im Wickel

Gegen mein Fieber ging Mutter mit Wickel und Schwitzen an. Ins aufgeschlagene Bett legte sie Decke und nasskaltes Leintuch, in das ich von Hals bis Fuß verpackt wurde – jedesmal ein Schauern, dass mir die Zähne klapperten, also nichts wie ab und schnell die Federdecke drauf und untergestopft und ein Handtuch unter den Kopf und eines auf die Stirn.

»Und jetzt Märchen«, sagte ich.

Das war eine ausgemachte Sache, gleichsam Trost und Lohn für mein klagloses Schwitzen.

Mutter las ruhigen Tons aus Grimms Märchen, las vom Hans im Glück und vom Daumesdick, las von Jorinde und Joringel, Rapunzel ließ ihr Haar herunter und ich kletterte daran zu ihr hinauf, küsste verzauberte Prinzessinnen wach und schlug mich mit dem tapferen Schneiderlein durch die Welt, derweil mein Leib wie eine Mumie dalag, so ausgestreckt starr.

Mit meiner Seele war ich ausgeflogen, über dunklen Wäldern auf weiße Schlösser zu, ich verlor mich in Abenteuer, ertrug tapfer Angst und Bewährung, schlug mich mit

Drachen, trank vom Wasser des Lebens und schüttelte der Frau Holle ihre weißen Betten aus, da flog so mancher Schnee daraus...

Ich schwamm in Schweiß und Glück. Ich litt mit den Traurigen und stritt mit den Helden und spürte nichts von meinen Gliedern. Mein Leib war wie ein Gehäuse, dem ich längst entstiegen war oder aber ich hatte mich so tief darin verkrochen, mein Ich war so still versonnen in sich gekehrt, dass mich nichts berühren, nichts quälen konnte.

Der Schweiß stand mir salzig im Gesicht; ich lag mit geschlossenen Augen, und Mutters Stimme öffnete mir Wunderwelten, bis sie mit einem Mal und viel zu früh das Buch zuklappte und sagte:

»Jetzt ist's genug.«

Die Seele flog in den Leib zurück, mein Ich füllte ihn wieder aus bis zu den Poren, er wurde mir spürbar schwer. Mutter befreite mich aus dem Wickel, wusch mich mit Essigwasser frisch, steckte mich ins kühle Bett, ich fühlte mich leicht und wohl und träumte an den Märchen fort.

Visionen des Schreckens

Wenn sie kamen, die Krankheiten, dann im Überfall. Heftig jagten sie das Fieber in die Höhe, warfen mich für zwei Tage nieder und plötzlich, wie gekommen, waren sie weg.

Die Visionen, die mir vor Augen standen, waren von immer gleicher Art und Gewalt. Aus einer grauen Unendlichkeit, die aufsummte und brodelnd sich auftat, schoss silberleuchtend ein Punkt auf mich zu, wurde zur Kugel, die größer und größer werdend mich anflog und allgewaltig rollend ins Ungeheure sich auswuchs, ganz den Raum meiner Vorstellung ausfüllend, um mich zu erdrücken, hätte mein Schrei aus Todesangst diese Macht nicht gebannt.

Da lag ich, ganz verstört, in Schweiß und Lähmung.

Oder vor meinen Augen begann es sich zu drehen; ein heller Wirbel aus Sternensand, soghaft und mit wachsendem Brausen, erfasste, verschlang mich und presste mich in eine Kugel und verschwand mit mir als silberleuchtender Punkt in grauer Unendlichkeit.

Im Schrei aus Entsetzen und Angst kam ich zu mir. Erst unter den beruhigenden Worten der Mutter, die herbeigeeilt war, fand ich mich in Raum und Zeit wieder zurecht.

Grießbrei

Grießbrei – in vieler Ohren klingt das nach Zumutung. Dieser Zumutung waren wir, während Mutter im Krankenhaus lag, fast zwei Wochen lang in Rosenheim ausgesetzt. In Rosenheim mussten wir uns durch einen Berg von Grießbrei hindurchfressen, aber ins Schlaraffenland kamen wir nicht. Auch sahen wir nichts von Rosen.

Abend für Abend saßen wir, meine Kusine Brunhilde, meine Schwester Melitta und ich, vor einem Teller Grießbrei in der Küche unter der Herrschaft des Dienstmädchens. Den Löffel in der Hand warteten wir, dass die gestrenge Person Milde walten lasse; dass sie endlich aus dem Wandschrank die Flasche mit dem Himbeersaft holte und jedem in die Mitte des Tellers drei Tropfen zählte; drei himbeersüße, verlockende, rote, ach so kleine Tropfen in einem Meer von Brei.

Brunhilde, die Temperamentvolle, hob sie sogleich mit ihrem Löffel heraus, verkostete sie lustvoll, als wollte sie sagen: Was man hat, hat man, und mit dem Rest wird man weitersehen, wer weiß, vielleicht gibt's am End, wenn es nicht vorangehen will, eine Ausnahme. Es gab keine. Melitta, dem Namen nach die Honigsüße und schlecksüchtig wie eine Biene, verrührte die Tropfen im Brei, dass er sich rosarot färbte, aber alle Süße war somit verrührt, und sie tatschte missmutig im Teller herum. Ich machte mich beharrlich ans Werk, fräste wie ein Stratege den Brei vom Rand her ab, führte den Löffel rundum und kreiste mehr und mehr die drei roten Himbeerpunkte ein. Das Dienstmädchen, geplagt von uns drei Langweilern, trieb an und kommandierte: einen Löffel für die Mutter, einen für den Vater, einen für die Oma, den nächsten für die Gotte, den anderen, aber schön voll, für die Tante Clara. Der ganzen Verwandtschaft wurde gedacht. Dann kam der Hund dran, die Katze, der Kanarienvogel. Als wir für die gefressen hatten, hieß es: Stellt euch vor, das sind Erdbeeren, wie die schmecken, und das sind Johannisbeeren, die roten zuerst, dann die schwarzen. Jetzt gibt's Heidelbeeren und jetzt süße Brombeeren. Nach den Preiselbeeren, die verdammt nach Brei und nur nach Brei schmeckten, diktierte sie uns, dass wir zwischendurch was zum Lachen hatten, Eisbären, und nach den Eisbären Teddybären.

Mit verstopften Mäulern würgend, schnappten wir nach Luft, aber ein Ende war noch nicht abzusehen. Mit dem nächsten Löffel hatten wir uns Mirabellen vorzustellen, dann Kirschen, dann Zwetschgen, dann Pfirsiche, dann Aprikosen. Bei Ananas streikte die Fantasie, Ananas, das kannten wir nicht, und bei Bananen schmeckte alles wieder nur nach Brei, aber das war weiters nicht schlimm, das Ziel war erreicht, der Teller leer. Mit dem letzten Löffel hob ich die kleine Breiinsel mit den drei roten Himbeertropfen in die Höhe, und während die beiden Mädchen Lustaugen machten, verkostete ich die volle rote Himbeersüße siegesfroh.

Für heute war es geschafft.

Nicht nur die Himbeertropfen, auch der gelbgrün glasierte Teller hatte für mich etwas Verlockendes: einen schwarzen Hahn auf dem Boden. Und mich erfasste ein Ausgräberglück sondergleichen, wenn ich, kreisum mit Beharrlichkeit löffelnd, auf seine Füße stieß, Schnabel, Kopf und Kamm hervorholte und, Löffel um Löffel den Brei abtragend die schwarze Silhouette freilegte, bis schließlich der Hahn sich in seinem ganzen Ausmaß zeigte.

So ein Teller bildet doch heran, er ist, im Kindesalter planmäßig eingesetzt, das beste Übungsfeld für einen künftigen Archäologen.

Musik in der Stadt

Die ganze Stadt war auf den Beinen, eine Musikkapelle nach der andern schwenkte heran mit Trompeten und Hörnern, Posaunen und Klarinetten, das blitzte mich an, das kam mit Geschmetter und Braus im Gleichmarsch vorbei, dass es mir in den Ohren dröhnte und im Bauch wohlig rumorte vor lauter Tschindarassa-Bum, wenn leicht nach hinten geneigt der mit der mächtigen Pauke auftrat und mit seinem lederkolbigen Schlegel rumsdibum auf's Fell einschlug und den messingglänzenden Tschinnendeckel im Takt schmettern ließ. Das blies schnauzbärtig und mit vollen Backen in die Tuben, das hing lippenbreit an runden, schleckte an schnabelförmigen Mundstücken, spuckte zwischendurch aus oder schwenkte aus Röhren den Saft auf die Straße. Die Augen jedes Musikers waren auf das mit Gabeln festgeklemmte Notenblatt ausgerichtet, und an der Spitze wirbelte der Tambourmajor den reichverzierten Stecken mit beiden Kordeln hin und her, warf ihn gar in die Höhe, so geschickt, dass er ihn glatt wieder einfing, dieser Mordskerl der. Ganz hinten pinkte einer mit einem Metallstäbchen auf den Triangel, dass es hell aufklang, aber am meisten gefiel mir doch der mit dem Schellenbaum, an dem eine Tastatur aus Metallblättchen funkelte, die er mit einem Hämmerchen handfertig zum Klingen brachte; zwei lange, rotweiße Pferdeschwänze baumelten beidseitig von diesem prächtigen, mit hellen Glöckchen bestückten Baum, der in einer ledernen Traghülse steckte und an dem der Mann schwer zu tragen hatte.

Ich marschierte neben den schwarz und blau Uniformierten her, lief hinterdrein, rannte nach vorn, um die Kapelle herum; mich beglückte und durchzückte allum alles: die langen schwarzen Hosenbeine, die sich im gleichen Schritt bewegten, die blinkenden Knöpfe und die gestreiften, mit silbernen Fransen versehenen Achselkappen, die merkwürdig geformten, mit Ventilen und Klappen versehenen Blasinstrumente, die schmal oder bauchig hinausstanden oder schneckenartig sich krümmten und nach oben sich sonnenhaft ausluden.

Welch Klang und Glanz sich dahinbewegte, Kapelle um Kapelle, und die lange Bismarckstraße hinauszog, gesäumt von Menschen, von Rufen und Beifallklatschen begleitet. Ich ließ mich vom Wirbel mitreißen, bis Vaters Hand nach mir griff und mich herauszog. Da erst bemerkte ich, dass die Menschen in die Stadt zurückströmten, die Klänge in der Weite verhallten.

Dolch und Sau

Er sprach anders als wir, der Zimmerherr, der als Untermieter bei uns wohnte. Er sprach wie er schritt; er sprach im Schritt und Tritt. Er trat auf mit hochschaftigen braunen Stiefeln, hatte braune Reiterhosen an, oben weit, am Knie enganschließend, also Breeches mit einem Lederarsch, hatte ein goldbraunes Hemd und darüber einen braunen Waffenrock mit Koppel und Schulterriemen, und die Knöpfe blinkten messinghell. Auf dem Kopf trug er eine braune Schirmmütze. Er trat auf, er trat ab, durchschritt mit einem »Heil Hitler« den Flur, schritt Tritt um Tritt die vielen Steinstufen hinab, dass es lange im Treppenhaus hallte. Er war mehr weg als da, er war bei der SA-Reiterstandarte.

Ich sah ihn nie zu Pferde, er war, in meinen Augen, selber eins, und das Wort Reiterstandarte klang in meinen Ohren, als sei das ein gestiefeltes braunes Pferd.

Kaum war er aus dem Haus, ging Mutter energisch entschlossen in sein Zimmer, riss Vorhänge zurück und Fenster auf, ging in die Knie und holte mit beiden Händen unterm Bett den Nachthafen hervor, hob den vollgebrunzten Pisspott, bis obenhin voll mit dem goldbraunen Seich, und jeden Morgen hörte ich sie angeekelt und mit bitterer Miene sagen: »Diese Sau, kann die den Hafen nicht selber leeren!« Jeden Morgen trug meine Mutter beidhändig den schweren Hafen hinaus, kam männerverachtenden Blicks ins Zimmer zurück, strich das Leintuch glatt, knallte Kissen und Federdecke in Form, fuhr mit Kehrwisch und Flummer über den Boden, staubte mit dem Lappen Stuhl, Tisch, Sessel und Bilderrahmen ab, derweil ich mit dem Ehrendolch spielte, fest den Griff mit dem eingelegten Hakenkreuz in die Hand nahm, den Dolch aus der breiten Scheide zog, hineinstieß, herauszog und die Schärfe der beiden Blattseiten prüfte. Scharf, dass man ein Brot hätte schneiden können, waren sie nicht; unser Küchenmesser schnitt besser. Aber spitz war die Spitze, gefährlich spitz, und eingraviert ins Metall stand »Blut und Ehre«. Und jeden Morgen verstärkten sich in mir Staunen und Ekel: das Goldbraun von Uniform und Seich, Dolch und Sau, gestiefelter Reiterstandartenschritt und Mutters Männerverachtung, das alles wurde mir bald eins. Ich sah sie vor mir, die Braunhemden des Führers aus Braunau, die tags im gleichen Schritt und Tritt standartenhaft auftraten, wie sie nachts ihre Pisspötte vollbrunzten, braunaugoldbraun voll bis an den Rand. Und Mutters Abscheu stieg in mir hoch. Das machte mich in jungen Jahren schon immun vor aller Propaganda.

Erster Schultag

Der erste Schultag war da. Eindringlicher als sonst bekreuzigte Mutter mich mit Weihwasser, machte »im Namen des Vaters« ein Kreuz auf die Stirn »und des Sohnes« machte sie eines auf den Mund »und des Heiligen Geistes« eines auf die Brust. So gestärkt und den *Schuelerranze* mit Tafel, Griffelkasten und Fibel auf dem Rücken, ging's neben der Mutter her zuerst zum Bäcker Schrott. Dort ließ sie mir eine *Guckel* mit allerhand *Guetsele* füllen. Die nach unten gespitzte farbglänzende Schultüte mit dem Papierkräusel oben, das sei, erklärte Mutter, neumodisches Zeug, viel drumrum und innen nix. »Da kaufen wir gleich was Rechtes«, sagte sie. »Das mit den Tüten ist nichts wie Geldmacherei. Da lassen wir uns nicht darauf ein.« Wie recht sie hatte, immer schon.

An der Ecke kurz vor der Teggingerschule begrüßte uns eine andere Frau, neben der Maria stand, ein schwarzhaariges Mädchen, das ich sehr schön fand und das vor Schulglück strahlte. Ich gab mir Mühe, auch glücklich zu sein. In beiden Händen hielt das Mädchen seine rotglänzende Schultüte fest. Die fallen auch auf sowas herein, dachte ich. Was für ein Getue mit dieser Tüte, viel drumrum und innen nix! Aber schön war das Mädchen und ganz in Erwartungsfreude.

Dummheit ist kein Maßstab

Mädleranze! riefen mir nach den ersten Tagen die Mitschüler nach. Sie verspotteten mich mit einer mir kaum verständlichen Überheblichkeit, und weil ich nicht verstand, klärten sie mich auf: Was ich auf dem Rücken trage, sei ein Ranzen, wie ihn Mädchen haben, nur mit einer halben Klappe, nicht wie bei den Buben mit einer ganzen, die bei manchen mit einem schönen roten Fell überzogen war, das sich dicht und glatt anfühlte und die Hand, wenn sie gegen den Strich fuhr, sanft kitzelte. So ein Ranzen mit Pferdefell war der Stolz eines Buben.

Ich eilte mit meinem *Mädleranze* heim und protestierte.

»Der deine ist aus echtem Leder«, sagte Mutter. »Schau dir die anderen an, die sind aus Pappe.

»Aber sie lachen mich aus«, sagte ich.

»Lass sie lachen«, sagte sie, »das soll dich nicht kümmern. Dummheit ist für uns kein Maßstab«.

Ich trug, trotzend gegen die Dummheit der anderen, meinen alten *Mädleranze* aus echtem Leder in all den Jahren.

Der Spott hörte bald auf. In mir wuchs hingegen die Kraft des Widerstands heran, der sich nicht dem Urteil anderer beugt, sondern an dem festhält, was recht ist. So hat's meine Mutter zeitlebens gehalten, hat nie gegen ihre Überzeugung sich angepasst. Aufrecht hielt sie sich und blieb aufrichtig in allem, was sie sagte. Daher glaubte ich ihrem Wort und lernte den eigenen Weg gehen.

Wie beherzt mutet mich an
das Kind,
springt jedem Tag neu in die Arme
und fragt ihn neugierig aus,

spielt sich ins Leben,
von fernher Großes ihm ahnt,

aber die Himbeeren
rot vom Strauch –
noch schmecken sie ihm süß
wie nichts auf der Welt.

2 Im Zug zurück
Stationen einer Kindheit

Von Schnetzenhausen nach Friedrichshafen zu Fuß, das ist für den Dreijährigen, der ich einmal gewesen bin, ein langer, langer Weg, begleitet von Birnbäumen, damals, und Wiesen steigen rechts an und fluten auf der linken Seite hinab in eine Ebene, die sich nach einer Biegung auftut.

Die Eltern bleiben stehen, zeigen mit ausgestreckten Armen nach den Hallen im Grund. Vor denen liegt grausilbern der Zeppelin, liegt auf der Wiese wundersam still, zum Greifen nah in lockendem Dasein. Das Kind lässt Vaters Hand los, stürmt in die Wiese hinein, rennt, dass ihm das Gras um die Knie schlägt, auf den Zeppelin zu, meint, wenn es nur zurennt, immer auf dieses glatt gewölbte, schön geformte Wunderding zu, es endlich fassen zu können. Aber vergebens. Ihm geht der Schnaufer aus, und da steht es im hohen Gras und kann nicht einsehen, dass der Zeppelin, der ihm so nah zu sein scheint, nicht zu erlangen ist.

Also zurück zu den Eltern, die auf der Straße geduldig stehen geblieben sind und ihm klar zu machen suchen, wie alles, was weit weg sei, einem klein vorkomme. Und dass der Zeppelin in Wirklichkeit gewaltig groß sei, nicht zu packen. Auch kein Spielzeug. Aber das Kind ist schwer zu überzeugen: Hätte man mich zurennen lassen, ich hätte ihn schon noch gefangen.

Nie mehr bin ich dem Zeppelin so nah gewesen.

Friedrichshafen glänzt seither das Kind silbrig an. Friedrichshafen, das klingt in seinen Ohren hell und klar. Das hat was von blankem Metall, von Möwenwirbel im Sonnengeblitz. Der riesige See so weit, so offen schimmernd in Rosa und Grau unter einem Himmel, der von Wolken durchzogen ist, die alle einen weißen Rand haben.

Friedrichshafen ist helle Verlockung. Dort wohnt die Gotte. Und der Onkel Albert. Die beiden Vettern wohnen dort und die sanfte Edeltraut und die Adelheid mit ihren blauen Augen. Dort haben die Eltern Hochzeit gemacht. Und dort, in diesem silberhell leuchtenden Friedrichshafen gibt's den Zeppelin der auch schon in Rielasingen hoch überm Haus dahingeschwommen war, ganz blitzblank und glatt am Himmel. Und die Motoren machten ein Gesumm, dass alle Leute auf die Straße rannten und mit gereckten Hälsen hochschauten und winkend die Arme hoben, hier in Rielasingen, wo er, der inzwischen Vierjährige, zur Welt gekommen war zwischen dem Rosenegg und der Aach und wo an klaren Tagen über das Dach des Nachbarn der Hohentwiel in die Straße hereinschaute.

Der Zeppelin flog heim nach seinem Friedrichshafen. Für alle anderen gibt's nur den Zug. Der steht im Bahnhof von Singen. Das ist dem Vierjährigen klar: Wer nach Friedrichshafen will, muss in Singen einsteigen.

Er tritt in die Pedale, fährt mit seinem Dreirad dorthin, wo die Morgensonne steht, lenkt nach der Aachbrücke links zum Wäldchen, wo sein Freund Helmut wohnt. Der trippelt, vom Vierjährigen überredet, der ihm alle Wunder von seiner wunderbaren Gotte aufzählt und von der schönen Stadt Friedrichshafen das Schönste zu berichten weiß, erst zögernd, dann entschlossen neben dem Dreirad her und mit auf der lang sich dahin ziehenden Straße nach Singen, vorbei an der Josefskirche, zur Bahnunterführung hin, danach rechts und geradeaus zum Bahnhof. Und keinem von beiden und auch niemand sonst fällt auf, dass der Helmut neben dem Dreirad noch im Schlafanzug steckt.

Wie sie beide die steile Treppe zum Maggisteg, der die Bahngleise überspannt, mit ihrem Dreirad hinaufgekommen sind, wer mag das wissen. In der Mitte des Stegs schauen sie bereits auf die vielen Schienen hinab, die silbern im Morgenlicht glänzen. Dass sie heute nach Friedrichshafen fahren, ist ausgemacht. Darüber hat Helmut Vater und Mutter längst vergessen. Auch ihm vor Augen steht eine Gotte, die gleich nach dem lieben Gott kommt, weil an Weihnachten prompt ihre Geschenke vom *Krischtkindle* gebracht werden. Und wie wird sich die Adelheid, die mit den blauen Augen, freuen, und die Edeltraut, wie herzlich wird sie einen willkommen heißen, sie, die einen so trautlichen Namen hat. Sogleich werden sie an den Kasten gehen, der voll mit Spielzeug ist, und mit Vetter Karlmann den ganzen Tag nichts wie spielen. Oder an den See zum Baden. Denn das, Helmut, musst du wissen: Vetter Groß-Bruno ist so stark, dass alles vor ihm zittert, der wird, bevor wir ertrinken, uns retten. So einer ist das. In Friedrichshafen steht auch die große Halle, da steckt der Zeppelin drin, wenn er nicht gerade am Himmel herumfliegt. Also auf denn nach Friedrichshafen.

Eine Dampflokomotive faucht unterm Steg durch, der Rauch ballt herauf und wölkt alles ein – was für ein schauerlich schönes Gefühl. Und so warten sie auf die nächste, lassen sich andampfen und einwölken und sind gerade dabei, sich für den Zug zu entscheiden, der sie nach Friedrichshafen bringen wird.

Was macht ihr da, fragt der Mann, der neben ihnen stehen geblieben ist, das Fahrrad in der Hand, Helmuts Großvater, der von der Schicht in der Maggi kommt und den im Schlafanzug als seinen Enkel erkennt. Wie in aller Welt seid ihr da hergekommen! Nach Friedrichshafen, und das ohne Geld, und auch noch im Schlafanzug, so was Verrücktes. Jetzt nichts wie ab und heim!

Was bleibt dem Großvater anderes, als die beiden die steilen Stufen der Maggitreppe hinab zu bugsieren, mit Dreirad und Fahrrad, am Bahnhof vorbei und die Unterführung zurück und den langen, langen Weg von Singen zur Waldsiedlung, mit der einen Hand das Fahrrad schiebend, an der anderen seinen Helmut, und der Vierjährige, unentwegt in die Pedale tretend, auf seinem Dreirad hinterdrein, beschämt, verletzt, verkannt: Dieser Großvater, wäre der nicht dazwischengekommen, wir könnten längst bei der Gotte sein.

Mit der Eisenbahn nach Friedrichshafen, das war in meiner Kindheit ein Ereignis. Dem fieberte ich entgegen. Im Bahnhof die riesige schwarze Lokomotive schon unter Dampf, der weiß hervorstieß und puffte. Die wuchtigen roten Räder, über den ganz großen hinten das Fenster, aus dem der Lokführer lehnte und mit Stolz und Behagen auf einen herabschaute, derweil der Heizer Kohlen in den Feuerschlund schippte, das war mir zum Bestaunen gewaltig.

Im Wagen mit den Holzbänken und den ölgetränkten schwarzen Fußböden achtete Vater darauf, dass wir nicht über den Rädern zu sitzen kamen. Da sei das Gebocke unerträglich. Meine Schwester und mich interessierte nur das Fenster, und was es bei den vielen Fahrten zu sehen gab, hat sich mir zu einem einzigen, einzigartigen Bilderbuch verdichtet.

Wir fuhren immer dritter Klasse. Die 3 am Wagen bekam etwas Vertrautes, Einladendes. Im Nachhinein kommt mir die 3 behaglich vor, sie macht volkstümliche Miene, so brav sieht sie aus, so bieder im doppelten Halbrund, Ansatz zum Herzigen, zu Brezel und Busen. Die 3 muss von gutmütiger Art sein. Der konnte man sich anvertrauen.

Zum Hinausschauen wollten wir Kinder stehen, wir brauchten den Sitzplatz fast nie. An den Stationen mussten wir uns setzen, möglichst breitbeinig, damit keiner der Einsteigenden ihn uns wegnehme. Und so tun, als sehe man ihn nicht: sonst ist's aus mit der Freiheit. Am meisten warnte uns Vater davor, eine dicke »Trulle« könnte unerwartet auftauchen, könnte mit süßlichem Lächeln auf einen zukommen, ob nicht doch ein Plätzle frei sei, nur ein ganz kleines außen an der Bank, und sich dann schnaubend niederlassen und, während es rottelt und schottelt, in aller Behaglichkeit sich breit machen und schließlich uns alle in die Ecke drücken.

Das mit der dicken Trulle wurde mir zum Alptraum. Wo so eine erscheint, nimmt sie den Raum ein. Sie füllt jeden Türrahmen, versperrt jeden Ausweg. Sie nimmt gefangen, das Gespräch allum verstummt. Und wie die aussieht, unter blonden Kringelhaaren ein rundes Gesicht, ein fetter Hals, die dicken Arme blutt und rosafleischig, um die Leibtonne ein Kleid gespannt, der Busen mühsam vom Mieder gebändigt und doch, als schwappe er aus dem Ausschnitt. Auf und nieder wogt es, atmet schwer aus Nase und Mund, schwitzt aus Poren, unter dem Kinn, unter den Achseln, das Kleid klebt am Rücken, spannt über den breiten Schenkeln, den Nähten ist zum Platzen, so quallt es und quillt. Die Augen unter den Brauen kugeln rund und feucht hervor. Und es schnauft und schnaubt. Da sitzt sie, die dicke Trulle mit der dicken Tasche auf den Knien, und, wo sie sitzt, geht sie in die Breite, drückt, was neben ihr, hinaus oder drängt es in die Ecke. Allein schon unter der Vorstellung von ihr ducke ich mich, blass vor Angst, an diesem Fleischberg zu ersticken.

Am Ende der Bahndamm, rechts davor von grüner Hecke eingefasst das breite Gittertor, dahinter der Garten in der Duftwonne von Rosen, der Weg zum Haus dick bekiest. Wie frisch es unter den Schuhen knirschte, wie sauber mit dem Rechen gezogen die Kiesel dalagen. Seit diesen Tagen, da ich in Erwartungsseligkeit über den Teppich klitzerunder Kiesel lief, empfinde ich solche Wege ermunternd. Vor allem im Regen, wenn er leis und still beständig den Tag einregnete, dass einem war als verharre alles in tiefem Lauschen, wie glänzten da die sonst mattgrauen Kiesel auf, blank und perlig schwarz und silbergrau und grün. Und dazwischen blinkten weiße Kiesel, Glitzglanzsteinchen in klar schimmerndem Weiß, blinkten aufgeweckt und keck, als wollten sie alle anderen zum Spielen aufrufen. An solchen Tagen hätte ich am liebsten Säcklein um Säcklein gefüllt, eines mit weißen Kieseln, eines mit nur grünen, die so verschieden grün sein konnten, glasiggrün und graugrün und mattgrün; und eines mit braunen vom Gelbbraun bis zum Ziegelrot. Was für eine Lust, was für ein Schatz. Aber wer von den Großen ließ ein Kind Steinchen im Regen sammeln, der sie zu Kostbarkeiten verwandelt. Und so kann es nur von prall gefüllten Säckchen träumen und muss, um einmal sein Verlangen zu stillen, Juwelier oder Maler werden.

Bevor Onkel Albert wieder einen Nachmittag lang in der Praxis mit dem Bohrer hantierte und Zähne zog, ging er einer stilleren Beschäftigung nach. Er schaute nach seinen Vögeln. Da stolzierten mit aufgefächerten Schwanzfedern dickkropfige weiße Tauben mit rubinrotem Schnabel einher, es flogen solche mit blaugehämmertem Farbschlag herbei, graue mit grünglänzenden, lackreichen Federn, die ins Violett spielen, fußbefederte und nacktfüßige gurrten um ihn herum, wenn er Futter streute, Tauben mit weißem Halbmond auf der Brust, pfirsichblütenfarbene und blaufahle, alle mit klug blickenden Knopfaugen und kastanienbrauner oder orangeroter Iris. Er erkannte eine jede mit Kennerblick.

Als Knabe in Oberteuringen hatte es Albert schon mit den Tauben. Platz war da im holzverschalten Lehrerhaus gegenüber der Kirche, Platz genug bis unters hohe Dach, trotz der acht Kinder. Und das ländlich bescheidene Dorf inmitten weitausschweifender Felder. Was sollten Tauben da stören.

Aber hier in Friedrichshafen, hier zwischen Bahngelände und Stadt Tauben halten. Und wären es nur diese. Ein Vogelhaus hatte er sich bauen lassen mit Volieren davor, bevölkert mit Exoten aller Farben: Wellensittiche die Menge, rotgeflügelte, gelbe, in Goldoliv und in Kobalt; keifende, schimpfende Papageien, Girlitze, Zeisige, Finken, Rosengimpel und Ammern, Drosseln, Grünlinge und Schnäpper – das sang und zwitscherte, wirbelte flügelschlagend um Äste, hockte auf Stangen, wippte an Trapezen, krallte sich fest am feinen Maschendraht, und am Boden blähte ein Goldfasan sein Gefieder, spazierte ein langschwänziger Silberfasan zwischen Meerschweinchen und Goldhamster hin und her.

Das alles will fressen, pickt Körner aus Schalen, Fettringen und Maiskolben, braucht sackweise Hirse und Weizen und Sonnenblumen und Hanf. Das verlangt nach Mehlwürmern, Salat, Kartoffeln und Muschelkalk. Doch was für ein Leben, das er da täglich vor Augen hatte. Welche Daseinslust. Ihm war's je mehr er es bestaunte und bedachte, ein einziges Wunder.

Die Standuhr, die war mir wichtig. Die war gleichsam das Herz des noblen Zimmers, in dem die Feste gefeiert wurden. Ein schwarzes Gehäuse vom Boden zur Decke, und hinter Glas das Ziffernblatt, an langem Pendel die Messingscheibe, die glatt hin und her schwang, her und hin im Takt, und die an Ketten hängenden hellen Gewichte – wie wohltuend rasselte es ins Ohr, wenn sie hochgezogen wurden in sorgsamer Handhabung, die eine Kostbarkeit wie diese Standuhr verlangte.

Diese Standuhr. Dir kommt in den Sinn, wie du einen Nachmittag ganz allein in dem noblen Zimmer verwartet hast. Die anderen sind, du weißt nicht mehr wo. Das leise Tacken macht die Stille schön. Es ist wie ein Pulsschlag und macht das Haus atmen. Du horchst, du schaust auf das Hin und Her der glatten, metallenen Scheibe, ihr im Gleichmaß schwingendes Hin und Her in geruhsamer Unaufhörlichkeit. Und wie erwartet und wieder auch wie verwundert hörst du, wie die Uhr schlägt: sie gongt melodisch in einem Ton, der nicht erschrecken, nur sanft aufmerksam machen will, dass die Stunde voll ist. Es tönt in vieltönigem Anschlag, tönt versöhnlich als Nachklang zur vergangenen, ermunternd zur neuen Stunde. Und spricht dich so taktvoll, so freundlich an in deinem Alleinsein.

Wenn du es richtig mitbekommen hast, war, als Ende April 45 die Franzosen kamen, diese Standuhr ein sicheres Versteck. Schmuck und Gold hatte man am Boden unterhalb des Pendels verborgen. Für einen, der mit dem Gewehr herumfuchtelnd nach Schätzen sucht, muss eine in fast lautlosem Takt pendelnde Standuhr über allen Verdacht erhaben wirken, so ruhig, so unaufgeregt harmlos, wie sie in der allgemeinen Aufregung standhaft weiterpendelt. Wie nur mit sich selbst beschäftigt. Und der Ruck des Zeigers so selbstverständlich. Und wiederum fast herausfordernd, vorwurfsvoll.

Auch sie muss jedesmal aufgesucht werden, im oberen Stock jene schaurig anziehende Kammer, darin der Zahntechniker in weißem Schurz an Gebissen werkelt. Von den Stellagen herab bleckt's einen an, aus Gips Modelle, eines neben dem anderen, bei jedem der Oberkiefer auf den Unterkiefer geklappt mit dem Abdruck von Zähnen in Reihe, Zähne wie Schaufeln, wie Stümpfe, lange schmale und zugespitzte, breite, brockenhafte und gebrochene Zähne, mickrige wie Steinchen, und immer auch Löcher und Lücken. Grausig grinsende Gebisse wie die von Totenschädeln. Jedes ein bloßgelegtes persönliches Schicksal.

Nach diesen Modellen musste der Techniker an Stiftzähnen feilen, musste aus Metall und Keramik Brücken herstellen, Kronen aus Gold gießen und stanzen, musste Prothesen aus fleischrosa Kautschuk formen, einem widerlich falschen Rosa, das einen anekelt. Musste auch gebrauchte, bös abgelutschte Prothesen mit herausgefallenen, abgebrochenen oder ausgeschlagenen Zähnen reparieren. Und hatte auf der Werkbank alles liegen, was er dazu brauchte: Pinzetten und Feilen, rundklobige Hämmerchen, auch Schlemmkreide zum Polieren und Bimsstein. Das alles und mehr, um so viel Misere mit Kunst zu verdecken.

In jedem Haus stecken Geheimnisse. Die locken wie Zauber. Von dem ließen wir Kinder uns anziehen, verführen. Ein Haus wie dieses mit Türen auf allen Gängen, mit Treppen hinauf in den Speicher, hinab in den Keller – unbemerkt hat man sich von den Großen, die im Gespräch beisammen sitzen, davongestohlen, steht schon im Gang oben vor einer Tür, drückt nicht ohne Zagen, als handle es sich um Verbotenes, auf die Klinke; es öffnet sich die Tür wie von selbst. Ein Schlafzimmer im Duft von Kühle, von Federkissen, Seife, Parfüm. Weiße wallende Gardinen, ein Spiegeltisch mit Kämmen, Bürsten, Fläschchen, Flakons. Auf Zehenspitzen zum Schrank, hinter der einen Tür Kleider am Haken, Muffiges, das erschnuppert sein will, hinter der anderen Stapel weißer Leintücher, Duft von Lavendel, von Mottenkugeln, ein Kästchen mit Ringen, mit Halsketten. Gleich wieder schließen, dass keiner was merkt. Die Schubladen der Kommode, die Fotos im Silberrahmen darauf, wie ist alles so in seiner Heimlichkeit still und reglos zum Anschauen da. Doch weiter zur nächsten Tür. Wie daheim, gewiss, und doch anders, jedes Zimmer duftet so eigen, duftet aufgeräumt kühl, nach wohltuender Geborgenheit oder plüschaltertümlich dumpf oder nach heiterer Freiheit. Über vieles möchte die Hand streichen, über Samt, über Möbel mit poliertem Nussbaumholz, über Messingbeschläge und Marmorplatte. So schnuppert Nase, tastet Hand in Kinderneugier nach Ungewohntem.

Brandheißer Sommertag. Die Stadt hinter uns verflimmert. Mit Vetter Karlmann bin ich auf dem Weg zum Badehäuschen in Seemoos. Er führt an Gärten vorbei im Zickzack um vereinzelte Häuser, bis wir an eine mächtig hohe und lange Thuyahecke gelangen. In ihrem Schatten laufen wir barfuß auf dem feuchten Pfad, ganz benommen von der Kühle des Bodens, von der scharf bitteren Würze der Thuya. Vor der schwarzgrünen Wand, die Pfad und Häfler

Strand voneinander trennt, ein Badefreudengeschrei, aber zu sehen ist nichts, nur dann und wann blitzt es silbern durch die Zweige. Und darüber Himmelshelle. Das alles spornt uns an, schneller nach Seemoos zu laufen und doch, wie mich's wohltuend ankommt diese Bannmeile entlang der Thuyawand mit ihrem durchwürzten Schatten, und jenseits das Geblitz des Sees, das Schreien der Badenden, die man nicht sehen kann und denen man doch nah ist. Und in mir die Begierde, ins Badeglück zu laufen, geschwinder als rasch, und wiederum ein Verlangen, dieser Pfad im Schatten und Thuyaduft möge nicht enden. Seither, sobald ich Thuya in der Nase habe wie damals, durchzuckt's mich wie Glück.

In diesem Badehäuschen wohnte nach dem Krieg für eine Weile ein Dichter, einer, der von irgendwoher geflohen war. Dass so einer Obdach braucht, dafür hat ein Häfler Verständnis; da muss man helfen. Aber den Tag mit Schreiben verbringen, auf den See hinausschauen, ins Abendrot sich versinnen und darüber dichten, das wird wenig nützen. Man hat andere Sorgen. Wer hat denn schon Zeit zum Lesen. Nichts Überflüssigeres als Gedichte in so viel Not. Soll er tun, was er nicht lassen kann, solange er keine bessere Arbeit hat!

Ich bekam ihn nicht zu sehen. Er war wohl unterwegs. Vielleicht auf der Suche nach etwas Schönem. Jeder Beruf ist bestimmbar, bei einem Dichter kann man nur vermuten. Er lebt ins Unbegreifliche hinein, vielleicht dem Göttlichen nah. Aber dem Geschäft des Lebens nicht gewachsen. Versonnenen Gesichts denkt er in Versen. Die anderen müssen sorgen, dass sie genug Kartoffeln im Keller haben.

Auf dem Tisch lag ein Bündel Gedichte, je eines auf einem Blatt, maschinengeschrieben. Ob ich darf? Ich begann zu lesen, las vom See, vom Schilf, vom Säntis, las mich in Dinge, die ich nicht verstand. Weniger dass ich las – mich duftete Wundersames an. Mir war, als sei etwas in mir erwacht. Etwas in mir auf einen neuen Klang gestimmt. Als ich ans Ufer trat, noch wie benommen, und in das weiche graurosa Gewoge schaute, war mir der See ein Gedicht. So verwandelt sah ich ihn. So wie zum ersten Mal.

Am Hof angelangt, was machte mein Vater, nun ganz Bauer, zuerst? Er trat in den Stall, prüfte kundigen Blicks den Bestand. Die beiden Rösser äugten ihn an, er tatschte ihren Hals, sprach auf sie beruhigend ein, liebkoste mit flacher Hand Nüstern und Maul, ging zu den Stieren, besah sich die Kühe, die schnaubend ihre feuchten Muffeln ihm entgegenhoben, und griff der einen und anderen ans Euter.

Jetzt wusste er Bescheid, wie es um den Hof stand. Wie das Vieh, so die ganze Wirtschaft. Ein Stall sagt alles. Da kann man ihm nichts weismachen. Kein Ross mehr, armer Siech. Wer mit Kühen ackert, hat abgewirtschaftet. Schon am Fell des Viehs ist abzulesen, wie einer mit allem umgeht. Wer darauf nicht Sorg hält, bei dem sieht's auch im Haus übel aus, erbärmlich. Er musste es wiederholen: erbärmlich. Wo Glanz, regiert Fleiß. Wo keine Liebe, verkommt alles, Vieh und Weib. Das mit dem neumodischen Traktor mag praktisch sein. Aber nichts geht halt über die

Ross. Mit denen in der Morgensonne ackern gehn, und die ziehen zügig voran, welche Lust! Und in den Händen den blanken Pflug, mit dem du die Furchen ziehst, eine so gut und gerade wie die andere, und du hast den frischen *Bodeguh* in der Nase – wie wohl das tut. So schaffen, das ist halt ein Leben. Am schönsten sonntags, da spannst du die Ross ein, die sind frisch gestriegelt und herausgeputzt, dass ihnen das Fell nur so glänzt, und die Hufe sind gewichst, das Zaumzeug eingefettet und poliert – so fährst du mit dem Chaisewägele über Land. Prächtig ist das, und die Ross freut's. Der Bauer, der ist noch ein freier Mann.

Auf den runden Tisch vor der Herrgottsecke hatte der Gette den Mostkrug gestellt, Butter und Speck. Auch vom Schnaps, den er selber gebrannt hatte, schenkte er freigebig ein. Die feinen Städtler, diese hungerleiderischen, die nicht genug kriegen können, sollen wissen, dass er's hat. Und dass man nicht so ist, nicht so knauserig, wie die vielleicht meinen. Selber nichts haben und dann noch auf einen herabschauen wollen, nein, die sollen ihm nichts nachsagen können. Also, langt zu! Tante Ida stand vor dem Tisch, im Arm den mächtigen runden Laib, den sie kräftig an die Brust drücken musste. Und nun haut sie mit dem Messer Scheibe um Scheibe herab, schöne helle Stücke mit goldbrauner Rinde, kühles, festes, zart duftendes Brot. Kein beim Beck gekauftes, selber hat's die Bäuerin gemacht, hat im langen, hellhölzernen Backtrog den schweren Teig gewalkt, mit der Faust geballt, zu Laiben gerundet, in den mit Buchenscheiten erhitzten Ofen geschoben und auf aschernem Stein gebacken. Im Keller kühl gelagert hält es lange, und auf Vorrat hat man's immer im Haus.

Es schmeckte, auch ohne Butter, es schmeckte zum Speck, der feingeschnitten auf dem Brett lag. Uns Kindern aber wurde reichlich Butter aufs Brot geschmiert, wir sollten noch was werden, Stadtkinder wir, und ordentlich zulangen, auch vom Speck, der gibt Kraft, und auch ein Gläsle Moscht wird nicht schaden. Aber er macht dumm, sagte Mutter, sagte es unbedacht heraus und bekam von Vater einen Stupf. Also Milch für die Kinder, eine kuhfrische mit dem vollen Rahm drauf, keine abgekochte mit Haut, bitte nicht, Milchhaut war meiner Schwester und mir unerträglich.

Ob alles recht sei oder uns nicht gut genug? Ob wir Besseres gewohnt seien, gar verwöhnt. So wurden wir genötigt zuzulangen. Dass man Gäste nötigte, gehörte zur guten Sitte. Mit dem Most wurde die Nötigung zum Zwang. Kaum war das Glas halbleer, wurde prompt nachgegossen. Er schmeckt dir wohl nicht? Ja doch, nur, mehr als zwei Gläser vertrage ich nicht. Er ist dir also nicht gut genug, jetzt stell dich nicht so an, aller guten Dinge sind drei.

Derweil ging ein Erzählen und Berichten quer durch alle Lebenden und Verstorbenen. Krankheiten und Wildschäden wurden erörtert, Erbstreitereien von denen in Raderach mit denen in Jettenhausen, und immer wieder war von einem *gschwistrige* Kind die Rede, dann vom Vetter Sepp, der auf dumme Art und Weise um sein Sach gekommen sei, auch von der Lydia, die ihrem Mann *vertloffe* sei, und der saufe sich nun *halber z'tod*. Dem Strobel sei wieder eine Kuh verreckt, die zweite in diesem Jahr, und der Viehdoktor mache nur ein dummes Gesicht, studierte Herren das, große Rechnungen schreiben, das sei alles, was sie können. Der Großvater, sagte der Gette, der sei halt *en Kerle* gewesen, der habe keine Schulen besucht, aber alles gewusst. Eigene Rezepte habe der gehabt, ein ganzes Buch voll, alles selber herausgefunden und mit eigener Hand aufgeschrieben. Wenn der in einen Stall gerufen wurde, sei das Vieh gesund geworden. Er hat's besprochen, und Mittelchen hatte er, die keiner sonst kannte. Ja, der Großvater Ignaz von Fischbach, das war so einer. Darin waren sich alle einig. Und Mutter war beim Abschied froh, dass man diesmal ohne Streit auseinanderging.

Wer hätte die Tante Anna nicht gemocht, die von allen nur Hebamm gerufen wurde, die Hebamm aus Fischbach, nicht zu verfehlen, auf dem Dach ein Storch, weithin sichtbar, wies allen den Weg, wo sie wohnte. In jedem Haus daheim, auf jeder Hochzeit, Kindstaufe und Leich dabei, hat sie, wie es der Anlass gebot, gelacht und geweint. Und all Abend hat sie sich vors Bett hingekniet und den Rosenkranz gebetet in Freude, in Trauer fromm.

Immer anderswohin musste sie radeln und rennen. Hebamm, so hieß es, Hebamm, komm, es ist soweit! Ein jeder hat sie gekannt, gebraucht, im Dorf und weit darüber hinaus zwischen Fischbach und Berg. Was hätte man getan ohne sie. Für alles ist sie zuständig gewesen. Ihr ist die Zeit nie lang geworden.

Sie wusste wo Hand anlegen, in jeder Not hat sie zugepackt. Kaum gerufen, schon da, schon bricht aus der Kammer der erste Schrei, der Mann in der Küche nebenan wird bleich, das Weib im Wochenbett liegt da wie halb tot, doch die Hebamm, die lacht, die redet gut zu, die bringt, keine Angst, alles wieder in die Reihe. Noch bevor man sie rufen muss, ist sie gekommen, die Hebamm, ist da. Sie weiß, was getan werden muss, sie kleidet den Toten, bahrt ihn auf, drückt ihm das Sterbekreuz in die Hände, und um sie herum stehen sie, die Angehörigen, hilflos, verwirrt, und jeder guckt nur und schluckt. Die Hebamm, die wird's schon richten, man muss sie nur machen lassen.

Zwischendurch Hochzeit. Ohne die Hebamm geht's nicht. Auf dem Tische noch die Suppe, da tritt sie schon auf, altmodisch verkleidet als »Kätherle vom Stadtrand«, und kommt mit Versen, die sie selber ausgedacht hat, im Dialekt und so, wie es in einem schwätzt, dass es sich reimt. Und allen gefällt's.

Ohne die Hebamm wäre die Kindstauf eine lahme Sache gewesen, bitter die Leich, und ohne die Hebamm eine Hochzeit kein Fest. Das wussten sie alle.

Zu Fuß auf dem Weg von Schnetzenhausen zum Bahnhof nach Manzell – ich war sechzehn, war wie vom Liebesglück getroffen, da der Säntis ins Land hereinragte, so nah, so fast zum Greifen nah. Und ich ging auf ihn zu, von Schnetzenhausen nach Manzell, als könnte ich das Unfassbare fassen.

Erscheinung – sooft ich das Wort höre: Das ist der Säntis, der sich mir offenbarte von Schnetzenhausen bis Manzell.

Dehom

Kaasch rueße mit de Isebah,
i d Fremde usifahre,
im Schiff uf s Meer, wie de Odyß
erläbe duusig Gfahre,
und laufe vu Paris uf Rom:
s ischt näene schänner as dehom.

Und fliege iber alle Berg
und mit de Wasser triibe,
Neapel säeh, als Vagabund
di Herz de Welt veschriibe,
nu z Nacht, do kunnt der s no im Droom:
s ischt näene schänner as dehom.

I Länder, wo me anderscht schwätzt,
wa bisch vedräht und bsunder?
Kunsch endle zruck an Bodesee,
no packts de wie e Wunder,
no hocksch de untern Birebomm:
s ischt näene schänner as dehom.

Drum: lueg se aa, die Welt so wiit,
setz s Läbe ii und all di Ziit,
emool witt zruck, emool seesch fromm:
s ischt näene schänner as dehom.

3 Vor allem der See
Erinnerte Kindheit

Eidechsen

Der steile Wiesenhang hinab zum Bahngraben war gestützt von einer Mauer, an der Ecke turmartig hoch. Ich brauchte nur vom Haus aus über die Straße und konnte hinabrutschen bis zur Plattform mit den bemoosten Steinplatten. Auf denen kroch ich bis an den Rand, wo es senkrecht in die Tiefe ging. Ich hätte nicht gewagt, bis an den Rand zu treten, aber liegend und mit dem Kopf voraus nach dem Zug zu sehen, der unten vorbeifuhr, das war aufregend genug. Der kam, wie ich wusste, vom Bahnhof her, und die Lokomotive, frisch angefeuert, dampfte und fauchte mit Gezisch nach Konstanz. Ihr nachzuschauen, wie sie mit den Wagen in der Ferne verschwand, genügte mir. Keine Sehnsucht, noch lange nicht, da mitreisen zu dürfen. Die Welt, in der ich lebte, war mir weit und abenteuerlich genug.

An sonnigen Tagen, wenn ich behutsam genug zur Plattform hinabglitt, fand ich dort Eidechsen liegen, flach hingestreckt, mit pumpendem Bauch, die vier Beine mit den fein gekrallten Fingern von sich weg, die perligen

Augen golden blinkend, die langen Schwänze leicht gekrümmt. Die einen waren mehr bräunlich gesprenkelt, die anderen von einem giftig frechen Grün. Sobald eine Ausschau halten wollte, stützte sie sich auf die Vorderbeine und hob den Kopf hoch hinaus. Blitzartig heraus aus dem Maul schoss ihr die lange feine Zunge, vorne gespalten. Wie aufregend dieses Züngeln vor und zurück, so fuchtelig frech und scharf. Auf's mal wie verschreckt, stoben die Echsen alle auseinander und ab in ihr Versteck.

Aber mir ist danach, eine zu fangen. Doch, wird sie beißen können, kratzen mit den spitzen Krallen? Und, wie sie festhalten? Ich werde flink zugreifen müssen, sie so überraschen, dass sie nicht mehr entwischen kann. Und sie mit beiden Händen umschließen. Ich könnte sie daheim einsperren, sie füttern. Ich besäße dann eine eigene Eidechse, ein Äggesli, wie Vater dieses Tier nannte. Ich werde es pflegen, das Äggesli, es umsorgen. Es soll's gut bei mir haben, das Äggesli.

Das Jagdgelüst war erwacht, es fieberte in mir, ich hielt mich still und wartete, bis die Eidechsen wieder hervorschlüpften. Also denn, es muss sein. Die Hand schlug zu, die Eidechse entwischte, doch was zappelte mir zwischen den Fingern? Ihr abgebrochener Schwanz, ein Stummel, der da heftig schwänzelte – fremd, vorwurfsvoll: Was hast du angestellt mit mir! Es schoss mir das Blut in den Hals und pochte heftig und heiß. Es schämte mich an.

Viel später, als ich das Wort »freventliches Tun« hörte, hatte ich meine schwanzlose Eidechse vor Augen.

Ganz jung schon Ministrant

Die Chance, ministrieren zu dürfen, bot sich am besten in einer der täglichen Frühmessen, also um sechs Uhr, mir am liebsten zusammen mit Otto Schille, der denselben Weg hatte und mir, dem Anfänger, in allem beistand. Mit ihm also in den erwachenden Tag hinein, im Herandämmern oder schon mit den ersten Sonnenstrahlen im Rücken. Wie einnehmend die Stille, die uns in der Kirche erwartete, die Stille in der Sakristei.

Der Mesner hat bereits die Gewänder parat gelegt, in den Farben, die nach dem Kalendarium an der Tagesordnung sind. Hat auch, um den Pfarrer zu beeindrucken, im Messbuch die vorgesehenen Texte markiert: die Seite des Tagesheiligen, die Epistel, das Evangelium, den gleich bleibenden Kanon. Otto hilft mir die Kutte anlegen, das Chorhemd, den Kragen. Bereit stehen wir in Erwartung. Kein Schwätzen, ein Blick des Mesners genügt. Wir hören den Pfarrer kommen, er nickt uns zu, wir grüßen »Gelobt sei Jesus Christus«, er »in Ewigkeit, Amen«. Vom Mesner assistiert, kleidet er sich an, zu jedem Teil still betend: Zuerst legt er sich über den Kopf hinweg das Schultertuch an und bindet es an sich fest mit zwei Bändern, dann die fußlange Albe aus blühweißem Linnen, dann die Stola, die er beidhändig an die Lippen führt und küsst, bevor er sie sich umlegt. Danach hebt ihm der Mesner das ausgebreitete Messgewand über den Kopf und achtet darauf, dass es vorn und hinten gleichmäßig herabfällt. Der Pfarrer holt aus einem der vielen Wandkästen seinen Kelch, bedeckt ihn mit Patene und Tuch, schlägt das dicke Messbuch mit den metallenen

Verschlüssen auf, überprüft die mit den Bändeln markierten Seiten, verschließt es und überreicht es Otto. Vom Turm sechs Schläge. *Adjutorium nostrum in nomine Domini* unsere Hilfe ist im Namen des Herren, wir antworten *qui fecit caelum et terram* der Himmel und Erde erschaffen hat. Und hin zum Altar, auf dem zwei Kerzen brennen. Eine stille Messe in dieser einnehmenden Morgenstille der Kirche. Kein Gesang, erst recht keine Predigt. Nur heilige Handlung. In den Bänken verharrend die Gläubigen, oft an ihrem bevorzugten Platz, ganz vorne oder nah einem Pfeiler. Fast jeder hat seinen Schott vor sich, das Messbuch lateinisch und deutsch, darin er mitbetet, was der Priester halblaut betend am Altar vollzieht. Jeder für sich, und doch mit allen vereinigt, zugeordnet dem liturgischen Geschehen, von ihm eingenommen. Auch der junge Ministrant fühlt sich angesprochen, nicht weil ihm alles verständlich gewesen wäre, sondern weil er etwas von Erhabenheit verspürt, von Gottnähe. Und er in einem Dienst, der seine Jugend erfreut – *laetificat juventutem meam*.

Der Feldhüter

Stehlen, dafür war ich nicht anfällig. Früh genug, denke ich, hatten die Eltern mir klar gemacht, dass das ein böses Laster ist. Wir bleiben ehrlich, auch das hätten sie gesagt haben können. Es ist außerdem verboten und wird bestraft. Ich musste es mir nicht erst verbieten lassen, ich hatte zum Stehlen von Anfang an keinen Drang, ausgenommen: Die vielen Bäume, die es auf der Mettnau gab, in Gruppen oder allein wie verlassen, nicht alle hinter einem Zaun, sondern frei herum auf freiem Feld. Und voll Zwetschgen hingen die Äste, brechend voll, blauvoll nach Pflückern schreiend; und dort die goldgelben, honigsüßen Mirabellen und dahinter, im Laub versteckt, die kleineren Zibaten. Die Kirschen, prangend in Rot oder schwarzfunkelnd, lockten Schwärme von Staren an, die mit Gebraus in den Baum einfielen, mit ihren Schnäbeln in die Kirschen hieben und wie auf ein Signal als schwarze Wolke davonstoben. Auch aus der Stadt trieb es manches Trüpplein Gleichaltriger herbei, nicht bloß aus Augenlust. Die hängten sich an die Äste, stopften sich die Mäuler voll, spuckten einander die Steine ins Gesicht, kletterten auch hinein in den Baum, langten übermütig zu und fraßen mit Gier. Bis einer rief: De Nosch kunnt! Schon purzelten die im Baum herab, alle stieben davon durch die Büsche, über Zäune und hinein ins Schilf, andere stadtwärts.

Der Bauer Nosch, nebenbei Feldhüter, von allen gefürchtet, konnte unerwartet auftauchen, wie hervor aus dem Boden. Er überblickte sofort die Lage, sein scharfes Auge erfasste jeden, er brauchte keinem nachzulaufen. Tags darauf stand er in der Schule, meldete allesamt mit Namen, die Strafe überließ er den Lehrern, er, der pflichtbewusste Feldhüter, der auch Schärmuser war und den Maulwürfen an den Kragen ging. Überall drucksen sie kuppelige Hügel hoch über ihren unterirdischen Palästen, unterhöhlen mit ihren breiten Grabfüßen Wiesen und Felder, eine lästige Wühlerei, kaum aufzuhalten. Nosch gebrauchte alle Tricks, damit ihm die listigen Tiere in die Falle gingen. Die rochen es ja leicht, wenn er eine in die Röhre gebuddelt hatte. Steckte ein toter Maulwurf drin, hängte ihn der Schärmuser an seinen Gürtel. Da baumelte am Schwanz so mancher mit seinem gedrungenen Körper, wie ein schmaler Sack, schwarz das kurze Fell und samtig weich, mit Knopfaugen, einer rosa Schnauze und mit kurzen, doch breiten, grabtüchtigen Vorderfüßen. Ein wunderliches Kerlchen, fast zum Gernhaben. Den Bauer Nosch rührte das nicht. Für jeden Schwanz, den er im Rathaus ablieferte, wurde er bar in die Hand ausbezahlt.

Vorsorge

Vater kannte die Himbeerplätze in den Wäldern, kannte auch die der Brombeeren, wusste, wo der üppigste Holder blühte, wo es die meisten Bucheggern zu finden gab und die verschwiegenen Pilze. Also auf zum Pflücken mit Kannen, zum Sammeln mit Körben, hinein in den Wald, hin zu einem Wiesenrain, zu einem von Hecken versteckten Platz.

Am Schienerberg war so ein Schlag, wo vor Jahren die Tannen gefällt wurden, eine Lichtung inmitten des Waldes, nun mit jungen Tännlein bepflanzt, um die kniehoch das Gras wucherte, wild auch die Himbeerbüsche herangewachsen waren. Rot funkelte es durch die Blätter, wir zupften Beere um Beere hinein in die Kanne, die um den Bauch geknüpft war. Kein Muckser, kein Rufen, nicht soll ein anderer merken, dass es da Himbeeren gibt. Die Sonne brennt, der Schweiß tropft von Stirn und Nase, aber welche Pflücklust. Brennnesseln giften um Waden und Schenkel, Dornen zerkratzen die Haut, aber vergiss es. Himbeeren rot, Himbeeren süß in die Kanne, in den Mund, wie es sich gibt. Auf die Bienen pass auf, wie sie wild tun, auf die sirrenden Schnaken mit ihrer Stechgier, die sich dir in den Nacken setzen. Und der Schweiß tropft, du zupfst Beere um Beere, langst ins Gebüsch, ziehst die höheren Zweige heran, schlägst nach den Bremsen, den Schnaken, bis du rot bist vom Blut und Himbeerensaft.

O diese Tage, diese hitzigen und durchsüßten Tage inmitten der Waldlichtung. Und jeder zufrieden und stolz, wenn es mit gefüllten Kannen heimging.

Einmachzeit, in der Küche Hochbetrieb, Mutter regierte mit Lust, sie werkte mit einem Eifer, der ihr das Gesicht rötete, dass sie selbst aussah wie eine Frucht. Sie rührte im Messingtopf Beeren und Zucker zu Marmelade, goss den glühheißen Beerenstrom in die bereit gestellten Gläser, spannte nach dem Abkühlen Zellophanpapier darüber, band es fest und klebte auf das Glas ein Schildchen mit Inhalt und Jahr. Süß duftete es in die Nase, süß durch Küche und Haus, eine Wolke süßen Duftes von Erdbeeren, Himbeeren, Brombeeren, was immer gerade überm Feuer im Topf blubberte und emsig verrührt wurde. In diesen Tagen aßen wir die Brote nur mit dem Schaum, der aus dem Beerengebrodel abgeschöpft wurde.

Bis an die Ohren fraß ich mich in die Schnitten, dass die Marmelade an den Backen klebte. Marmelade, so sagten wir damals nicht, wir sagten zum Eingemachten Igmags oder Gsälz, also Gsälzbrot, und das schmeckte weit besser und kräftiger als eines mit gekaufter Marmelade. Mutters Gsälz war nicht zu überbieten, auch nicht ihr Quittengelee in seinem milden Gelbrot. Aus den Holunderbeeren machte sie Saft. Da musste auf den Tisch ein Hocker mit den Beinen nach oben, zwischen diese ein Tuch gespannt werden, und da hinein die weichgekochten Beeren, damit der tiefdunkle violette Saft in eine Schüssel tropfen konnte. Die Küche war halb ein Labor, wo nach bewährtem Rezept gekocht und eingemacht und eingedünstet wurde. Da gab es Gläser mit Gummiring, Flaschen mit Gummikappen, den Apparat zum Sterilisieren, weiße Pülverchen gegen Schimmel und all das Nötige gegen Verderb, um gut versorgt über den Winter zu kommen.

Was wir nach und nach gepflückt, gesammelt und eingeheimst hatten, lagerte nun im Keller, einem feuchtkalten, dunklen Raum. Vorrat für allen Bedarf, Kohlen und Briketts zum Heizen, in Kisten die Kartoffeln, in Körben die Zwiebeln, auf dem Lattenrost die Äpfel nach Sorten geordnet der Gravensteiner, die Goldparmäne, der Ontario, der Berlepsch, der Bohnapfel. Und auf den Regalen stand in schöner Reihe das Eingemachte: Erdbeeren, Himbeeren, Brombeeren, Johannisbeeren rot und schwarz; auf anderen Regalen das Sterilisierte: die hohen Gläser mit Pfirsichen und Aprikosen, mit Kirschen süß und sauer, mit Zwetschgen und Mirabellen, mit den geschälten und längs geschnittenen Birnen und Quitten.

Jedes Glas versehen mit beschrifteten Etiketten; verlockend volle Gläser auf Vorrat, nicht nur Lebensmittel, sondern auch zur Gaumenlust. Mit Stolz Eigenes. Wenn der Schnee das Land überzog und alles erstarrt lag, konnte man in den Keller hinab und heraufholen, was einem gerade zusagte. Wir waren versorgt.

Eisblumen

Diese eisigen Winternächte, bitter wie später nie mehr. Aus dem Bett also gleich in die langen, wollenen Strümpfe, in die Hose, das Hemd, den Pullover und aus dem kalten Schlafzimmer in die kalte Küche, wo Mutter bereits am Herd stand und Feuer machte, zum Waschen warmes Wasser, heißes für den Kaffee. Und richtete auf dem Tisch das Morgenessen.

Aber das Fenster zog mich in Bann. Es war ganz von Eisblumen überblüht, die Scheibe wundersam von Pflanzen durchwachsen, die sich nach oben biegen wie Farnblätter mit ihren feinsten Verästelungen oder sich auffalten und ausstrahlen als zart gerippte Fächer; zum Verwundern auch die Gewächse von Flechten und die von Algen, wie sie im Wasser sich winden und umschlingen, nun aber im Frost erstarrt sind, im Duft des Rauhreifs, hinter dem sich der Tag verbarg und doch alles im milden Licht erscheinen ließ.

Dieser Zauber, jeden Morgen neu erstanden über Nacht. Aber wie bald aufgetaut und zerronnen unter der Wärme des Herdes und unter den Strahlen der erwachten Sonne.

Im Schnee

Noch heute, wenn ich winters am offenen Fenster stehe, überkommt es mich, das würzig Kühle, das sanfte Duftgewölk von Milliarden winziger Schneesterne. O dieser Flockenduft, dieser Schneesternschauer.

Mir bleibts Verlockung, immer neu. Die Winter meiner Kinderzeit leben auf, ich mit anderen mittendrin. Von Schneewällen umgeben, stapften und plumpsten wir dahin, schlitterten hangab, kugelten übereinander, platschten mit der Nase voran in den Schnee, durchstampften Wehen, kämpften und spielten uns müde. Abends war ich nass von Schneeglut, hatte brandrote Backen, frostigheiße Hände, und vor Glück fiel ich halbtot ins Haus.

Ich hatte mich vollgerochen. Der Nase vertraut war die Tiefe eines Schneehaufens, die Lunge gebläht von seiner Frische. Während ich mit geschlossenen Augen im Bett lag, schneite es weiter: Flocken, sanft und schwer, dämmerten herab, kamen im Wirbelbraus aus unendlichen Höhen. Und über Nacht wuchs draußen der Schnee.

Verschwiegene Liebe

Da also wohnt sie jetzt, am anderen Ende der Stadt, so weit draußen, in diesem Haus an der Straßenecke. Ein Haus ganz in Rosa. Der Achtjährige ist vom Rad abgestiegen, schaut hinauf, schaut eher verstohlen in leiser Furcht, sie könnte ihn bemerken, wünscht sich zugleich, sie möchte in Gedanken an ihn ans Fenster treten, den weißen Vorhang beiseite schieben und ihn erkennen.

Dass sie sein Dasein spüren könnte, davon fühlt er sich durchzittert. Hastig wie nie besteigt er sein Rad, Mutters Fahrrad, tritt in die Pedale, nimmt Reißaus, fährt ins offene Land, die Steige zum Friedhof hinauf, fährt wie wild um ihn herum, wieder und wieder, übermütig vom Glück, dass er das Haus, wo sie wohnt, jetzt kennt, ihr Haus an der Ecke der Strasse weit draußen am anderen Ende der Stadt, und lebt da im Glücksrosa hinter weißen Vorhängen, sie, die all sein Sinnen ist.

Vor einer Stunde noch hielt er den Kamm unter den Wasserstrahl und kämmte am hellen Nachmittag sein Haar, zog mit ungewöhnlicher Sorgfalt den Scheitel, brachte das Haar glatt und gleichmäßig hin, prüfte sein Spiegelbild und gefiel sich. Er hatte das starke, ungewöhnliche Bedürfnis, ein frisches Hemd anzuziehen, aber wie sollte er das machen, ohne von der Mutter zur Rede gestellt zu werden, und was darauf sagen?

Stahl sich dann aus dem Haus, stürmte mit Mutters Fahrrad davon; hinter der Ecke fühlte er sich frei.

Dass er listig sein konnte, war ihm neu. Herausfinden, wo sie jetzt wohnt, war gar nicht einfach gewesen. Seine Klassenkameraden offen fragen konnte er nicht, nicht aus Scheu, sondern aus Scham. Sie sollten nicht merken, wie ihm zumute ist. Keinem wird er auch nur andeuten, was ihn so süß durchrieselt, dass er es sich selber kaum eingestehen mag. Er hatte also den Harmlosen gespielt und die, die es wissen mussten, ausgehorcht. So hatte er es schließlich herausgekriegt. Nun kam er sich groß vor.

Ihre blauen Augen. Kein Mensch auf der Welt hatte so sanftblaue Augen wie sie. Die Haare ganz sonnendurchhellt. Ihr Wesen licht wie eine Kirschblüte.

Und sie so anrührend scheu. Wenn der Lehrer sie aufrief, kam ihre Stimme zaghaft hervor. Er hätte sich am liebsten vor sie gestellt, bereit, für sie zu sterben, nicht gerade gleich, denn offen für sie eintreten, wo er kaum ein Wort an sie zu richten wagte, konnte er nicht. Was er für sie empfand, blieb in ihm verschlossen als ein unaussprechbar Heiliges, das keiner belächeln, keiner beschimpfen sollte.

Als sie noch denselben Schulweg hatten, gingen sie, wenn der Zufall es ergab, einträchtig nebeneinander und sprachen kaum ein Wort. Einmal nahm er die Kreide von der Tafel weg, steckte sie verstohlen ein und machte sich an ein kühnes Werk. Vor der alten Villa Bosch, an der ihr Weg vorbeiführte, kletterte er am Gartentor hoch und schrieb mit der weißen Kreide oben auf den Sandsteinpfosten URSULA. Unauslöschlich in alle Ewigkeit. Wenn ich einmal groß bin, sagte er sich, und ich komme aus Amerika heim als ein reicher Mann, werde ich sie heiraten. Ja, das wird er. Und sie wird es sich gern gefallen lassen, wenn er reich ist und ihr alles kaufen kann. Und wenn er sie nicht mehr finden sollte, wird er, das kann er schwören, den Pfosten mit ihrem Namen kaufen, wird den im Garten seines neuen, großen Hauses aufstellen und ewig an sie denken. Er wird, das ist gewiss, Blumen darum pflanzen, und wenn sie einst gestorben ist, wird er jeden Tag davor beten.

So schön konnte er sich das ausdenken.

Er kehrt mit dem Rad um, es drängt ihn zurück zum rosa Haus, wo sie wohnt, er muss es sehen, will, dass sie ihn sieht. Und wirklich, es ist so, sie steht mit den Nachbarskindern auf der Straße, er fasst Mut, fährt hinzu, umkreist mit seinem Rad die Gruppe, zeigt, wie kunstvoll er damit umgehen kann, spielt wieder den Harmlosen, tut, als sei er wie zufällig hier vorbeigekommen, steigt ab, steht breitbeinig mit dem Rad dazwischen vor ihr, sieht sich angeblaut von ihren Augen, tritt, von unerklärlicher Eile getrieben, in die Pedale und rast davon. So stark jubelt's in ihm, dass er in den Tag hinausschreit.

Lust am Quälen

Die Hündin bleibt an der Kette, erklärte mir Vetter Paule, sie ist läufig. Ich wusste nicht recht was er meinte, hörte aus seiner Stimme nur heraus, dass es sich verbot, sie frei herumlaufen zu lassen, mit ihr gar, wenn wir in Vaters Heimat auf dem Rupberghof waren, über die Bergwiese zum Wald hinauf zu streifen. Vetter Paule wusste, was er sagte, kein Zweifel. Er kannte sich aus im Stall bei den Pferden, den Kühen, den Sauen, fand auch heraus, wo im Heuschober eine Henne ihr Ei versteckt hatte oder an welchem Schlupf der Fuchs wieder grub, um in den Hühnerstall zu gelangen. Aber dem werde er es zeigen, die Falle sei gerichtet. Der werde keine Hühner mehr davontragen, wenn dem seine Pfoten im Schlageisen stecken. Über die Ohren werde dem sein Fell gezogen und an der Stallwand festgenagelt. Da traue sich kein anderer mehr hin, man habe dann ausgesorgt, wenigstens übers Jahr. Er wisse auch, wo im Wald der Fuchsbau zu finden sei. Den werde er ausschwefeln, werde Lappen mit dem alten Öl vom Traktor in die Gänge stopfen, so was halten die Kerle nicht aus. Die werden sich anderswo einen neuen Bau graben müssen. Sollen sie ihre Hennen holen, wo sie wollen. Aber nicht die unseren.

Die Hündin, fuhr er fort, ist seit gestern läufig. Du wirst sehen, bald kommen sie gerannt, die Köter vom Dorf. Die haben so was rasch in der Nase. Das gibt nichts wie Scherereien. So leicht lassen die sich nicht fortjagen. Winseln einem ums Haus, seichen und scheißen herum, gehen aufeinander los, bellen dir die Ohren voll. Aber diesmal nicht.

Denen werde ich helfen, sagte er und tat verschmitzt. Er ging in die Scheuer, vor der die Hündin angekettet lag, kam mit einer langen Schnur heraus, an deren Ende er zwei Blechbüchsen knotete und sagte: So, das hätten wir, jetzt können sie kommen. Und schon sprang ein kräftiger Hund heran, lief auf die Hündin artig zu, gab sich freundlich, auch Vetter Paule tat freundlich, streichelte dem fremden Hund gar das Fell und band ihm insgeheim am Schwanz die Schnur fest, stieß ihn in die Rippen und ab schoss der Hund, hinter ihm drein das Rasseln der Büchsen, die, je schneller er lief, desto lärmiger an der langen Schnur auf und nieder knallten – ein Höllenschrecken für den Hund, der um sein Leben rannte und weit hinab dem Dorf zu raste, während der Vetter ihm schadenfroh nachlachte und mit dem Lachen nicht aufhören konnte, so sehr hatte ihn die Lust an der Qual des Tieres erhitzt. Mir aber blieb das Lachen, zu dem ich mich hatte mitreißen lassen, im Halse stecken. Wie angedonnert stand ich da: Der Hund, er wird sich zu Tode rennen, wenn er nicht rechtzeitig heimfindet.

Dem haben wir's gegeben, sagte Vetter Paule. Er kam sich stolz vor. Ich in Verlegenheit blieb kleinlaut. Ich hätte nicht sagen können, was mich da getroffen hat. Stecken geblieben ist in mir das Entsetzen vor dieser tückischen Bosheit, die Menschen dazu erhitzt, mit Lust ein Wesen zu quälen und in die Todesangst zu treiben.

Zurück zur Mettnau

Zurück zur Mettnau, in seine Bubenzeit, mit ihm hinan auf dem Schilfweg, barfuß auf dem feuchten, moorigen Boden, die Nase voll von Fäulnis und Lauch, in den Ohren das Gequake der Frösche.

Es treibt ihn weiter, wir hemmen ihn nicht, die Riedwiesen zu durchstreifen, das scharfe Gras um die Beine, Spinnweben im Haar. Aufflattern Schmetterlinge blau und weiß und gelb, schillernde Libellen blitzen davon, ein Gezirpe allum, Mücken im Schwarm, der im Blau des Himmels auf und nieder tanzt, einer schwarzen Wolke gleich.

Draußen der See, silbrig verzückt. Er steht hoch und ist tief in's Ried eingedrungen. Der Bub stapft vorsichtig im seichten Wasser voran, es ist warm und tut den nackten Füßen wohl. Das Röhricht, ein dichter Wall, ist voll von Gepiepse, voll vom Geschnatter der Enten, doch zu deren Nestern getraut er sich nicht ohne Sandalen, zu stoppelig ist der Grund. Frösche hangen im Wasser, dicke Kerle wie aufgebläht, und glotzen mit kugeligen Augen heraus. Andere halten sich fest an einem angeschwemmten Holz und stoßen ihr bähmäuliges Gequake hervor, anschwellend im Chor. Belchen schrecken vor ihm auf, rauschen flügelschlagend und mit den Füßen auf dem Wasser patschend weit hinaus. Eine Schar tuckernder schwarzer Punkte. Draußen auch ein Haubentaucherpaar mit erhobenem Hals und buschigem Kopf, aber flutsch ist es untergetaucht und kommt weit ab, wo er es nicht vermutet hätte, wieder hervor, beide einander zugewandt, als wollten sie sich begrüßen.

Er lässt die gelben Schwertlilien stehen, wo sie stehen. Blumen pflücken, nein, das kommt ihm nicht in den Sinn. Er weiß auch, wo das Knabenkraut wächst, wo es die weiß flockigen Wollblumen gibt, die Mehlprimeln, die Katzenpfötchen. Am liebsten ist ihm der kleine Enzian mit seiner flachen, fünfzackigen Blüte im tiefsten Blau, wie es stärker nicht sein kann, ein Blau zum Vergucken so schön, dass einen die Sehnsucht ankommt.

All so streunt er im hitzigen Drang durchs Ried. Ein Gewimmel von Leben um ihn, das ununterbrochen zirpen muss, sirren, summserig surren. Kleine Heugumper springen auf, spritzen beiseit, sobald er auftaucht. Ein Käfer torkelt durchs Gras, ein anderer mit goldengrün funkelndem Panzer hängt an einem Halm. Er kennt nicht ihre Namen, aber er kennt sie, die da herumkrabbeln und klettern und, bevor sie davonbrummen, pumpend ihre Flügeldecken aufschlagen. Da leuchtet ein schwarz-rot Gestreifter hervor, dort einer im grünbläulichen Glanz. Aber sehen, wie zwei sich paaren, den Hinterleib ineinander verbohrt, und wie der Stärkere den anderen hinter sich mitzieht in seltsamer Gegensätzlichkeit, macht ihn starr vor Pein. Er will's nicht, was doch sein muss, wahrhaben.

So ist um ihn alles vom Leben berauscht, blüht und veratmet sich in Düften, springt und zappelt, schlüpft aus dem Ei, bricht aus der Verpuppung, frisst und jagt und schwirrt kreischend aus und wirbt. Selbst die uralte Weide mit ihrem Silbergeflimmer gebärdet sich bräutlich, die Blätter der Pappeln, der Espen und Erlen propellern ruhelos in der durchsonnten Luft. Und hoch am Himmel kreist hoheitsvoll der Milan und feiert sein Dasein.

Seligs Läbe

Im Schilf do fliglets duusigschää,
es käferlet und flitzt,
es summselet und fießlet doo
und alles wett de Sunne noo
und blinkeret und blitzt.

Dett gluckerets vum Wasser här,
dett duckerets und muckts,
e Daucherle im schwarze Hääs
dunkt abi noch de Fischle gfräß,
veworgsets und vedruckts.

Und wiithär ruuschets ibern See,
s isch läbig wo me goot,
es wuselet und wimmlet zue
und triibt und schäfflet ohne Rueh,
solang me s läbe loot.

Vom Malen und Schreiben

All wieder die Süße des Anfangs: keusches Erwachen, krokushaft, und ein erster Blick, staunend. Anmutung flutet mich an aus Gefilden der Sehnsucht. Bilder suchen mich heim, verwehen, kaum geschaut. Wie es fassen?

So von Ahnungen berührt, von Verlangen beflügelt und auch in frommer Scheu: so zaghaft, doch unverzagt erste Schritte gehen, Fuß vor Fuß, ein jeder Schritt ins Ungewisse, Ungebahnte.

So malen aus der Süße des Anfangs heraus, ein Erwachen hervorrufen, was aus dem Unerklärlichen erweckt sein will und so, als spreche es sich zum ersten Mal aus.

Schaffen aus der Sammlung heraus, schreibend mich sammeln im langsamen Gleichmaß, vom dahintastenden Schreiben geführt, vom Rhythmus des Schreibens bewegt, bis sich mir zeigt, was sich auftun will.

Aus Eros

So ist das mit mir: Ich überlasse mich Empfindungen, die ich mir nicht bewusst mache, Ahnungen, die mich durchströmen und spurlos davonziehen. Bilder tauchen in mir auf und versinken, Anmutungen duften mich an und verwehen. Und kein Drang, etwas festzuhalten, zu umgrenzen mit Konturen; lasse es im Vagen, im Nebelhaften, lasse es schweifen und verschwinden. Kein Wille regt sich, zu orten und zu bestimmen, gelähmt von der heimtückischen Frage: Wozu auch.

Fragwürdig wird immer wieder dieses Wozu.

Alle Mühe, Erkenntnis zu formulieren, erscheint so vergebens, weil so vergänglich: Erkenntnis, selbst schriftlich fixiert, fällt wieder zurück ins Vergessen; als sei sie nie gewesen. Beschwörung dessen, was passé ist, mag für den erinnernden Nachvollzug recht sein – aber was soll's? Und wozu auch?

Resignation wird keine Frage beantworten können, weil kein Wollen dahinter steht. Resignation lässt fallen und fahren. Wozu auch: Das ist bereits der Resignation anheimgegeben. Die Vergeblichkeit steckt bereits in dieser Frage, diesem durch »auch« erweiterten zur Verneinung tendierenden Vorwurf.

Wozu? Das ist immerhin offen für eine Antwort, und selbst wenn sie nicht parat steht, tut sich ein Raum auf für Überlegungen. Wozu ich etwas tue, schaffe, ein Bild male, ein Gedicht komponiere, eine Seite schreibe? Da wird die Frage rasch belanglos, wenn ich feststellen kann: aus Drang, aus Erregung, aus Überschwang, aus Erschüttert- oder Erfülltsein oder, alles zusammengefasst, aus Eros. Und der will gestalten, bilden, formen, sichtbar machen, will ins Dasein rufen, beleben, beseelen.

Kurz: Eros will, beflügelt von Lust und Verlangen, zeugen, will gebären. Und das allein genügt ihm. Er stellt nicht die Frage »Wozu?«, er braucht dazu keine Antwort. Das Erschaffen allein ist ihm ein inneres Muss, für das er keiner Begründung, keiner Bestimmung bedarf. Dasein ist ihm

Sinn genug. Und er fragt nicht, ob sein Schaffen Antwort ist oder in der Absicht steht, etwas zu bewirken. Solange der Eros in uns lebendig ist, haben wir den Drang, ins Dasein zu rufen, zur Gestaltung und zur Blüte zu bringen. Und fragen auch nicht, ob es bei anderen ankommt und Nutzen schafft. Liebende, die ein Kind zeugen und gebären, fragen auch nicht nach dem Wozu. Sie kennen nur eines: Es soll sein. Es soll ins Dasein treten als Ausdruck der Liebe. Und bedarf keiner anderen Berechtigung. Wo der Eros nicht wirkt, stellt sich bald die Frage nach dem Wozu. Wo er fehlt, fehlt auch die Kraft des Wollens. Und die Resignation macht sich breit, steht blind und lendenlahm da mit ihrem »Wozu auch«. Wer in solcher Resignation versinkt, säuft hoffnungslos ab. Überall wo Menschen lustvoll tätig sind, ist Eros insgeheim ihr Antrieb, auch wenn er unter anderem Gesicht sich zeigt – als Interesse, Freude, Begeisterung, als Eifer, Einsatz, Hingabe, als Selbstlosigkeit, Hilfsbereitschaft, Ausdauer ...

Dass er bei Menschen, die man schöpferisch nennt, mit am Werke ist, ist offensichtlich.

Besuch im Atelier

Da sitze ich, unbekümmert und selbstvergessen, im Atelier, pinsle vor mich hin, der hohe Sommer brandet durchs Land, durchflimmerte Stille rundum, mir behagt's in meinem Gehäuse, nichts bedrängt, nichts verlangt, ich kann in Hingabe verweilen, nicht neide ich den Urlaubern ihr Badeglück. Da kann es vorkommen, dass ein Auto gewichtig den Rebberg herauffährt, ein fremdes, wie ich am Brummen höre, das wie suchend den Weg zum Haus heranpirscht, einbiegt und mit einem Ruck hält: Hallo, wir sind da, so gebärdet es sich, wir haben dich gefunden!

Ich lege den Pinsel aus der Hand, wechsle die Brille, schaue durch die offenstehende Tür hinaus, derweil drei, vier Leute dem schweren Wagen entsteigen. Dann wird mir, da ich Blumen in der Hand der Ankömmlinge sehe, heiß: Natürlich, fällt mir ein, das ist der Besuch, der sich angemeldet hat und an den ich, wieder mal, nicht gedacht habe. Da stehe ich in Hemd und Hose, stehe barfuß da und weiß nur eines: Ich darf mir nicht anmerken lassen, dass ich Tag und Stunde vergessen habe. Zeige mich also nicht überrascht, sondern erfreut, heiße willkommen, führe den Besuch, dessen Name mir partout nicht einfallen will, ums Haus herum hinter den Stall, lasse das Federvieh bewundern, das wie gerufen zur Stelle ist; der Hahn präsentiert sich in seiner ganzen Pracht, der Puter schlägt sein Rad, der Ganter, ein Toulouser, reckt sich mit Macht, und die Hühner, jedes in seiner Art und Rasse eine Besonderheit, tun ausgemacht lieb. Ich lasse die Aussicht bewundern, den Blick nach Wangen hinab und den See hinüber in die Schweiz und hinauf zur Reichenau. Ich nehme Haltung an, als sei barfuß in Hose und Hemd das Natürlichste auf der Welt, wenigstens hier oben. Dann geht's, munter angeregt, ins Haus.

Also Bilder wollen Sie sich ansehen?

Nun gut, beginnen wir mit der Prozedur. Aus dem Nebenzimmer trage ich ein Bild herbei, stelle es kommentarlos auf, gehe zurück, hole ein neues; so im Hin und Her, ohne Eile, trage ich eines herein, stelle das andere weg und überlasse die Leute dem Betrachten. Ich mag nicht dabeistehen, mit meiner Anwesenheit keine Aufforderung sein, etwas zu sagen. Sie sollen unbedrängt sich die Bilder ansehen und nicht annehmen, sich äußern zu müssen. Den ersten Eindruck gleich in Worte fassen zu wollen, wäre leichtfertig. Und eine Zumutung, das zu erwarten. Wie wollte einer einem Bild, an dem ich monatelang gearbeitet habe, sogleich gerecht werden, bildgerecht antworten? Es ist ja mehr als bloß ein Produkt meines Fleißes (»Wie lange sitzen Sie an so einem Bild?«), mehr als ein Zeugnis des Könnens und Versagens (»Diese vielen Striche, wie haben Sie das wohl gemacht?«), mehr als bloß ein Motiv (»Wie kommen Sie dazu, haben Sie's erlebt, sich ausgedacht?«).

So im Hin und Her meinen Weg machend, gehe ich mir wohl selbst aus dem Weg. Wie sollte ich einen Reim darauf finden, wie und warum ein Bild zustande kommt, wie das ist mit Erlebnis und Einfall, mit einmal Gesehenem und der Erinnerung, aus dem das Innenbild kommt und zur Schau wird, und wie das ist mit Idee und Vision und wie mit dem, was sich mir vorstellt und sich mir einbildet? Und woher das alles kommt im Anflug aus Sehnsucht und Heimweh, aus Nachtgesichten und Taggedanken? Und wie das bekennen, dieses Gemisch aus Maltrieb und Zeigelust, aus Eros und Sinnenfreude, wo es einen anjuckt und elektrisiert? Und wie das eingestehen, diesen Drang nach Geltung und Zustimmung, über den man nur ungern Rechenschaft abgibt?

Merkwürdig, das Bild, das ich da hinstelle, hat eine Selbständigkeit, als hätte ich es nicht selbst gemalt. Erfüllung macht klein. Irgendwann habe ich es angefangen, irgendwann es sein lassen. Signiert und gerahmt ist es freigegeben. Ich kann nur darauf vertrauen, dass es stark genug ist, bestehen zu können. Wer weiß, was alles es vermag.

Die Bilder entlassen, andere malen, in Erwartung neuer Heimsuchungen.

Da sitze ich wieder im Atelier, zeitvergessen. Das Malen steht im Widerspruch zum Fertigwerden. Ein Bild hat sein eigenes Maß an Werden, Sichentwickeln; es wächst mir zu, wird farbenvoll, drängt nach Erfüllung dessen, was ich vorhabe und was es selbst vorhat. Unerwartetes hat den gleichen Anspruch wie Vorgenommenes. Irgendwann ist das Bild gesättigt, ein Mehr wäre zu viel. Es soll noch atmen können.

Der Pinsel

Wie viel Zärtlichkeit und Melancholie male ich in ein Bild – wer mag's erwägen. Ein Pinsel ist schon an sich zärtlich, einfühlsam, kaum spürbar und doch sich einschmiegend in jede Feinheit. Er hat etwas von einer Katze, so samthaarig schnurrt er, und ist in seiner Hingabe ganz eigen. Er hat, wenn er gut ist, Charakter. Er ist vom Marder oder Dachs, hat Füchsisches an sich, etwas von der Rute des Iltis, der durch Gehege schlüpft, vorsichtig und flugs. Ein Pinsel ist erotisch wie Wimpernschlag über liebenden Augen. Der Maler, der seine Geliebte mit seinen feinsten Pinseln bemalte – höchste Kunst und Lust des Streichelns, die ausdenkbar ist. Und es ist nicht allein der Pinsel. Er lebt erst mit der Farbe, die er aufnimmt, mit der er eins wird. Farbe wird durch ihn lebendig, glatt oder weich oder stumpf oder sämig oder samten oder rauh. Er mischt und vermengt, verbindet und vereint: Er vermählt verschiedene, ja gegensätzliche Farben zu einem höheren Glück.

Der Pinsel ist ein Liebhaber der Farbe: wie er sie sich zu eigen macht – in wunderschönem Zugriff. Und wie er, in der Hand des Malers, zum zärtlichsten Instrument wird. Wie er streichelt und strichelt, wie er küssend verweilt, hüpft und tupft, wie er versonnen sich verausgabt, wie er zupackt, deckt, wühlt und sich einfühlt, wie er über die Leinwand wildert, huscht, wie er kitzelt und spitzelt, wie er breit und ausladend lacht und flugs dahinfegt. Welche Geliebte erfährt leibhaftig so viel an träumerischer und wilder Hingabe, wie sie der Maler seinem Bild tausendfach schenkt? Der Pinsel, verwachsen mit der Hand, wird mir, was dem Vogel die Flügel sind. Er macht sich selbständig, malt wie von selber fort – mir ist, als brauche ich nur noch zuzuschauen. Wie abhängig ich von ihm bin, von seinem Charakter und seiner Güte. Mit der Zeit nimmt er ab, wird er schwach, die Haare lahmen, das eine und andere steht ab, macht nicht mehr mit. Das ist sein Ende. Er hat keine Kraft mehr, und mit der Kraft verliert er allen Glanz. Er hat sich ausgelebt.

Ein Bild malen braucht seine Zeit
doch beim Malen ist sie mir

in den Farben ertrunken
hat sich verflüchtigt in einen Baum
ins Spiel seiner Äste
in einen Himmel darin ein Vogel
im Flug erstarrt ist

wie alles Gemalte
dastehen bleibt im Stillstand

darüber vergeht mir der Tag
und die Nacht verschlafe ich
bedenkenlos träumend
bis ich mich wieder beim Malen finde
unbekümmert um Zeit –

die weiß ich gut aufgehoben
im Bild.

Eben nicht Spaß

Mitunter bekomme ich zu hören: Dir macht malen halt Spaß, du Glücklicher. Mein Malen und Spaß, wie ungehörig. Wie alles entwertend ein solches Wort so blechern, so platt. Mich verstimmt's, und statt zu verstummen, sollte ich widersprechen, etwa so:

Aber ja, du machst dir keine Vorstellung, wie ich jeweils am Abend um mein Bild herum tanze, so freudig erregt's mich, was da zu sehen ist, zu sehen sein wird. Kaum finde ich Schlaf, schon wirft mich die Lust aus dem Bett, noch ehe der Hahn kräht, ich kann's kaum erwarten, ins Atelier zu kommen, und lustig geht's drauflos: Engel führen mir die Hand, der Pinsel farbtrunken jubelt vor sich hin, dass es eine Freude ist; ich brauche bloß zuzuschauen, wie alles vorangeht und schön und schöner wird, bei jeder Übermalung kommen die Farben klarer hervor und steigern sich gegenseitig in die Verklärung hinein. Und was so nach und nach in Erscheinung tritt: Wie das Spaß macht, dass kein Bleibens mehr ist auf dem Stuhl, ich springe auf, hüpfe um das Bild herum, mache, statt wie andere ein mühevolles Haupt zu erheben, einen Handstand, schaue mir das Bild auch rückwärts durch die Beine an, damit es mir noch freudiger in die Augen klinge, bis ich trunken von einem Farbenrausch hinaustorkle und so sehr vor Begeisterung in die Luft schreie, dass die Engel, die mir die Hand beim Malen geführt haben, wild flügelschlagend aufsteigen in Himmelshöhen und laut verkünden, was dem Maler doch alles so recht gelungen sei, wohlgelungen und geglückt.

Ach, wie ist das doch befreiend zu wissen, dass man malen kann und darf und nicht wie einer von der anderen Zunft Romane schreiben muss zwischen Schweiß und Verzweiflung, nicht wie er durch Höllen muss von Kapitel zu Kapitel, und wenn er am Ende den Kopf hervorstrecken kann, nicht wie er alle Qualen erlitten hat und niedergedrückt sich fragen muss, ob sich das alles gelohnt hat. Und dann auch sich sagen lassen muss: Dir macht schreiben halt Spaß, du Glücklicher.

Schreiblust

Schreiben, schreiben, schreiben im Schauer barocker Irdseligkeit; schreiben so flaumfederleicht, gleich einer dahingehuschten Ahnung; schreiben auch so rülpsig fett und schmerbäuchig allzumal: mit der Behaglichkeit des Schnüffelns, des Schlürfens herrlicher Weine. Saugend und suckelnd das Knochenmark der Gedanken, die prallen Birnen, des Daseins Saftigkeit.

Schreiben, ach schreiben; verdrehn die Wendungen, zertrümmern das edel Gesetzte, zerknistern den Reim. Und schnipfeln, zerscheren, zerreißen, zerfetzen und wieder in Bogen hinpflanzen, hintupfen und zieren zu Wundergemälden. Des Spielens hätte ich Ursach und Drang genug; hätt allweil den Juckreiz in den Fingern zu tappen, zu kneten, zu drücken, zu drehn; immerzu ein Vöglein, das mir eins singt, wenn es zu ernst wird, und auflüpfisch sich gebärdet, wenn die Grammatik ihr Stöcklein schwingt. Da pfeif ich auf sie, die trockene Jungfer. Oder ich liege ihr bei, dass sie sich rundet. Ich pfeif und schreib pfeifend in Lustqual dahin, was die Feder hergibt und auf Papier geht: barock verrückt und bockig versteift. Aufspringen soll es, panisch, bocksfüßig: im Einsaus und Ausbraus nach Herzlust.

Versammelt euch, Kinder des Unsinns, setzt die Vernunft in Schach, matt den Gebrauch. Welk sei Gesetz und stumm die Weise des Üblichen. Ziert euch, ihr Kinder, zagt nicht mit Flitter, kramt aus die Masken, den Tand. Tanzt euren Liebesschritt, euer blumig Getapse erfreut Herz und Gelüst. Violen am Himmel, in Lauben der Anmut lasst feiern: Klagt euern Unmut, vergesst nicht dabei, wie süß Gestammel ist und einer Schiefertafel Weisheit.

Ein anderer Atem diktiert uns, ein neuer Schnaufer setzt die Zäsuren, neue Wörter trompeten ihr Dasein ein. Rotkehlchen lassen sich köpfen für euch, im Schnee malt Rosen das Blut, beugt sich das Starre, treibt Blüten der Stecken, vergisst der Stern seine Bahn für euch.

Tanzt, umtanzt die Poesie wie das goldene Kalb. Und mit euch tanzen die dürren Konsonanten, dralle Vokale, hermaphroditische Diphtonge. Tanzt, Kinder des Unsinns, denn hold seid ihr, wo Lust eure Wange erheitert.

Wenn das Wort mich heimsucht –
mir ist nicht darum zu fragen
warum und woher

ob aus schwarzblütiger Wehmut
aus der Honigwabe der Träume
oder dem was mich anblitzt

mag es dichten Düfte und Laute
zu einem Flügelkleid oder einem
von Freude durchsilberten Bild

ohne dass ich mich frage
wozu.

Was Schönes

Heute, in der Lilienstunde der Frühe, erwachte in mir der Wunsch, etwas zu schreiben, das schön ist, einfach schön: Als stünde man vor dem Tor, durch das man geradewegs ins Paradies schauen kann. Es sollte, dachte ich mir, etwas vom ersten Regenbogen haben; von der Kostbarkeit einer alten Miniatur.

Nicht geschrieben, gestickt sollten die Sätze sein, mit Vogeltönen betupft, durchzittert von veilchenhafter Erwartung. Worte, die sich bräutlich umarmen, die Nester der Fröhlichkeit bilden, verwirrenden Duftes. Zeilen, tausendfach verrankt, verschworen zu einem Rosengitter, das ein verwunschenes Schloss bewacht, ein Rätselhaus, in dem alle Erinnerung wohnt. Und jeder Laut ein neuer Pfad in selige Verwirrung.

Sanften Schneereigen um das Fenster wünschte ich mir, ein Liebeswort, das eine Nacht lang im Ohr läutet: Könnten sich uns Worte so verwandeln! Aufschwingen zu einem Lied und wieder niederregnen als Frühlingsglück dem einen, Geliebte dem andern. Als Kette funkelnder Stunden, die, schön aufgereiht, durch unsere Hände gleiten.

Und alle Vokale trunkene Blumen, denen der Wind, die Flöte in der Hand, zur Hochzeit bläst, und ins Haar eine Hand voll Tau streut, darin der Mond andächtig schweigt. Eine Honigwabe so reich, voll von einem süßen Wiesenrausch; ein Himmel durchsirrt von Schwalben. Und jeder Schnörkel, jeder Strich das Signal zum Birnenblütenblust.

Das alles und mehr: die Stille der Liebenden, Schritte im Schnee, ein wehender Schleier. Ein schmaler Saum für den Mantel des Ewigen, darüber er sagen könnte: Ich bin nicht mehr traurig, den Menschen geschaffen zu haben.

So wünschte ich mir, derweil aus der Blüte des Morgens Vögel stiegen, mein Fenster mit ihrer Gegenwart zu beschreiben, und die Sonne das Haus umfing.

Der Seiltänzer

Was muss er mühsam die eigene Schwere
bezwungen haben dass er
auf seinem Seil dahinschweben kann
gleich einer Flocke.

So möchte ich so
unbedenklich im Spiel und heiter
dichten können von Wort zu Wort
hoch über dem Abgrund.

Schreiben wie Fliegen

Nichts schreiben: Ich komme mir vor wie ein Vogel, der nicht fliegt.

Und bald schlimmer: der nicht mehr fliegen kann; der die Lust daran schließlich verliert, der zwar Tag für Tag die Körner am Boden aufpickt, notgedrungen, so wie ein Vogel im Käfig, aber keine Flüge mehr erlebt – keine Gedankenflüge, und der nicht mehr beschwingt seine Welt anschaut, auch nicht mehr in der Daseinsfreude lebt, frei, hochherzig und beflügelt.

Not tut der Aufschwung, wieder und wieder.

Lesen und Leben

Lesen und Leben. Wie sinnig sich beide nahe stehen im Gleichklang. Als könnte das eine nicht ohne das andere sein, einander fördernd. Als sei Leben allein nicht durchsichtig ohne das Lesen, als sei Lesen allein nicht verständlich ohne das Leben.

Gemeinsam wie sinnig und sinnlich, die aufeinander angewiesen sind. So dass das Sinnliche erst seine Fülle im Sinn hat und der Sinn ohne das Sinnliche nicht erfahrbar wäre.

Sapere aude: die Weisheit schmecken, auf ihren Geschmack kommen, über die Sinne zum Sinn. Mit den Sinnen wahrnehmen. Bis beides, das Sinnliche und das Sinnige, im Sinnbild zusammengefasst sind. Und so gehören zusammen Sehen und Einsicht, Vernehmen und Vernunft.

Unser Saft hat die gleiche Wurzel wie Sapientia und, wie mir vorkommt, wenn auch nicht nachweisbar, die Sophia.

Traumarbeit

Nach dem Essen liege ich gern auf der Couch, in der Hand ein Buch. Aber nicht immer hält es, was ich mir von ihm verspreche. Und dann kommt es vor, dass statt erfrischender Belebung mir der Schlaf auf den Leib rückt.

Nicht, dass mir das Buch aus der Hand fiele, das nicht, sondern ich klappe es ordentlich und leicht resignierend zu und dann meine Augen, doch es liest sich schön weiter auch ohne Buch. Vom Traum geführt, lese ich mich tiefer hinein, dringe weiter nicht allein nur lesend, sondern sprechend so, dass sich mir auf den Lippen Sätze formen, als müssten sie erst erschaffen werden, so mühsam zusammengesucht jedes Wort. Und dann verkörpert sich was in Gestalten, die mir in fremde Räume vorauseilen, und alles farbig, was ich da lesend zu sehen bekomme. Dann ist mir, als sei ich nicht der Leser, sondern einer, der in ein Buch hineinschreibt, was eine Stimme ihm einsagt, wobei ich alles Satz für Satz wiederhole und Wort für Wort verkoste, bis es mir in Süße auf den Lippen zergeht. So vom Traum verführt, schreibe ich fort und bilde mir ein, nie im Leben je so kühne, so geisthelle und blitzende Aussagen formuliert zu haben. Die, so rede ich mir zu, werde ich mir merken, damit ich sie habe nach dem Erwachen. Die werde ich mir ins Gehirn einhämmern. Und so beginne ich damit, sie zu wiederholen und wiederholend zuzuschleifen, damit sie recht einprägsam werden. Eine Arbeit, an der ich mich verzehre. Andere Sätze muss ich umschmieden und zum Glühen bringen. Und da sehe ich mich wiederum, wie ich an einzelnen Wörtern feile, dass sie zueinander passen mögen. Aber sie wollen und wollen sich nicht fügen. Eine Arbeit, die mir nur Schmach einbringen wird, mir ist klar, dass der Lehrer meinen Aufsatz, den ich doch nie geschrieben haben kann, mit einer Ungenügend mir unter die Nase halten wird; und hat alles in roter Tinte ertränkt. Doch mit dem Läuten der Schulstunde wache ich auf als einer, der gerade noch davongekommen ist, auf der Lippe Bitteres, aber auch ein seltsam Süßes als beglückender Nachgeschmack von Sätzen, die ich lesend verkostet habe aus dem Buch, an dem ich so mühsam, so mich verzehrend schreiben musste. Doch nicht ein Wort, das mir geblieben wäre.

Wie kommen Sie dazu – zu dichten?

Wie, so fragen sie, die nach Auskunft Beflissenen, fragen laut und unbedacht schnell: Wie kommen Sie dazu, zu dichten? Und sie stehen da mit gespitztem Bleistift, gespitzten Ohren und gewitzten Gesichts, flugs Antwort erheischend, bereit zu notieren – ein Bekenntnis, eine Offenbarung, ein Geständnis, zumindest eine kennerhafte Pointe, gar eine blamable Enthüllung, kurz, eine in Kürze leicht zitierbare Formel.

Der Dichter, an jedem Ort, wo immer er auftritt, vor diese ihm doch längst bekannte Frage gestellt, erschrickt. (Jedesmal.) Er fragt sich selber, was er längst wissen müsste, und vergessen hat er, was er bisher zur Antwort zu geben versucht hat – und ist immer noch verlegen. Nicht begründen kann er, nicht erklären, nichts.

Von Fragen umstellt, fragt er mehr aus Verlegenheit als provozierend zurück: Wie kommen Sie dazu zu atmen, zu träumen, zu lieben, ohne anderen Rechenschaft geben zu müssen, anderen und sich selbst, warum Sie atmen und träumen und lieben? Nicht ich – es kommt auf mich zu.

Nicht ich mache Worte – das Wort sucht mich heim. Mehr lässt sich dazu nicht sagen. Und mehr bedarf's nicht.

Der Dichter liebt seinen Garten

Er pflegt den Garten zu lieben, er liebt den Garten zu pflegen. Wenn er gräbt, tut er das mühelos. Mit dem Spaten sticht er die Erde um, und diese ist schön braun und sie duftet und sie ist für ihn ein Lebensgeheimnis.

Der Dichter liebt die Erde, er greift mit der Hand hinein, zerbröselt sie, liebkost sie: Erde, so fühlt er, ist etwas Mütterliches, ist Urgrund und unergründlich zugleich. Erde, so sagt er, ist Schoß des Lebens. Diesem Schoß vertraut er Keimlinge und Stecklinge und Pflänzlinge an. Und auch sich selbst.

Der Dichter macht aus seinem Garten ein Wunder, er labt Herz und Auge daran, sein Sinn erblüht mit den Blumen, seine Lust entfaltet sich mit den Blättern, und was er empfindet, empfindet er ursprünglich, und er entdeckt, was man empfinden kann, mit der Sicherheit eines Dichters.

Wir kommen erst in den Genuss des Empfindens, wenn er uns in seiner Dichtung gezeigt hat, was empfindenswert ist, was nicht. Daher empfinden wir nach, empfinden mit und sind im besten Falle Nach- und Mit- und Anempfinder, selbst wenn wir selbst einen Garten haben. Aber für uns ist der Garten nicht poetisch. Uns läuft, wenn wir graben, der Schweiß von der Stirne. Wir mühen uns ab mit dem Unkraut, ganze Berge türmen sich in der Gartenecke nach einem Tag der Mühe und des Schwitzens. Wir wissen, wir tun das nicht umsonst: Dicke, helle Kartoffeln, lange Gelbrüben, glänzende saftige Tomaten, einen Korb Bohnen, Erdbeeren die Fülle, Himbeeren die Menge, Salat jeden Tag frisch auf den Tisch, Kraut und Blumenkohl, Rosenkohl und Petersilie, Schnittlauch und anderen Lauch, alles was man braucht und was frischer und billiger ist als in jedem Geschäft, billiger und frischer, wozu hätten wir einen Garten, den wir mit unserem Schweiß tränken, unserem Fleiß zum Blühen bringen, dem wir möglichst viel abgewinnen und aus dem wir den größten Nutzen herausholen. Von all dem scheint der Dichter nichts zu wissen, er braucht den Garten für seine Liebe, wir brauchen ihn ganz prosaisch, für uns ist das ein Nutzgarten, basta, wozu sonst quälen wir uns ab mit Graben und Hacken und Rechen und Tränken und Binden und Schneiden und Stupfen und Rupfen.

Der Dichter ist ein holder Mensch, ihm ist der Garten eine blühende Unschuld, die ihn anlächelt und verzaubert; er dächte nie daran, ja es kränkte sein Herz, davon zu reden, er könnte daraus einen Nutzen herausholen. Er treibt seinen Garten nicht um, er versenkt sich in ihn wie in ein Sinnbild, und beglückt taucht er aus den Blumen auf. Er hat sein Herz voll schöner Gedanken, die er sogleich zu Papier bringt, damit wir was nachempfinden können. Der Dichter selbst, nicht auf Nutzen aus, verschafft uns Nutzen: Wir genießen, was wir im Schweiße unseres Angesichts nicht bemerken konnten oder wollten, nun im Nachhinein, wenn wir des Dichters Lobpreis auf das Gartenglück in Versen zu lesen bekommen. Daher sind wir dem Dichter so dankbar, und wir ehren ihn, auch wenn wir ihn nicht so ganz verstehen.

Dichterlesung

In der klassizistischen Villa als sonntägliche Matinee eine Dichterlesung. Wirklich leibhaftig da ein Dichter, der von weither gekommen ist. Und ein Dutzend Zuhörer, die sich eingefunden haben und ihm mit Ehrfurcht aufwarten, zumal Damen in alterslosem Alter, aber auch ein Rezensent, der für die Zeitung vornehmlich Musikkritiken schreibt und ein hörgebildetes Ohr hat.

Der Erwartete sitzt im ehemaligen Salon der Villa vor der breiten Fensterfront erhöht auf grün verhülltem Podest an einem runden Marmortischchen, dieses geschmückt mit Efeuranken und einer brennenden Kerze, sitzt also da und liest mit verhaltener Stimme die neuen Gedichte, die er bescheiden Texte nennt, liest eines nach dem anderen bedacht und das Wort erwägend und ruhigen Tons, derweil hinter den Fenstern der Nebel lichter wird und die Sonne nach und nach die Landschaft erfreut; das Ufer herauf zeigt sich die Reihe blattloser Weiden in schöner Zeichnung, dahinter der Schienerberg in seiner sanften Melodie bis hinab zum Kirchlein von Horn – ein Bild, das manchem in Erinnerung bleiben wird, wenn die Verse längst vergessen sind, eigentlich schon gleich, kaum ausgesprochen, sich verflüchtigt haben, und allenfalls ist es die Stimme des Dichters, die noch nachklingen mag.

Ja was ist's eigentlich, was man weniger aufnimmt und behält als was da falterhaft an einem vorbeizieht, einen vielleicht streift, einen blitzkurz berührt und verschwindet: dahingesagte Verse, Worte als Befragung, Beschwörung, befremdlich anders, weil so ganz der Alltagssprache enthoben, dennoch verständlich, wenn auch ungewohnt neu, vor allem in ihrer Konstellation, eben dichterisch, lyrisch. Das kommt melodisch auf und vergeht sogleich wie Musik, kaum gehört, schon vorbei, entzogen dem Fragen und Überlegen, und wer nachsinnen möchte, ist verloren. Sprache also wie Musik; die Stimme des Dichters, die uns Bilder vor Augen ruft, einen erkennenden Aufblick gönnt, einen Anflug von Erahntem, dass uns was anmutet wie ein Duft, aber nichts Bestimmtes, nichts Handfestes, das einem bliebe.

Seine vom Wort beflügelte Freude, seine wortberauschte Liebe, sein im Wort versenktes Leid – das rührt uns an, dem folgen wir staunend wie einem Wunderbaren, dem der Dichter so nah ist gleich einem Eingeweihten, wir aber stehen prosaisch draußen in unserer Alltagswelt, wo anders gesprochen wird, wo wir das Wort nicht finden, mit dem so wesentlich Existentielles sich erschließt.

Und bewundernd, aber auch ein wenig neidvoll schauen wir auf zum Dichter auf dem mit Grün verhüllten und mit Efeu geschmückten Podest: Er, durchdenkt's uns, fühlt mehr als wir, er empfindet inniger und schmerzlicher die Süße der Trauer, er sieht klarer kommendes Unheil und das Zerbrechen des Beständigen, er ahnt und deutet Zeichen, die wir noch nicht sehen, und er mahnt an diesem Sonntagvormittag, das aber nicht wie ein Prediger donnernd und abkanzelnd, sondern mit verhaltener Stimme, und man glaubt ihm, glaubt ihm des Sehers Augen im beseelten Gesicht, die das Feinste erlauschenden Ohren, glaubt ihm die wunden Lippen, über die Unsägliches kommt. Und sein gewelltes Haar steht in lichter Fülle auf wie eine Aureole.

Heimatlos sei er, der Dichter, und das Gedicht, so sagte er, sei ihm Zufluchtsort. Die Sprache sei ihm zur Heimat geworden, sein Vertrauen setze er ins Wort, er baue aufs Wort und errichte auf dem Wort seine Welt. Das Leben sei eine einzige, einzigartige Weise von Liebe und Tod. Dies wolle erkannt sein, gebannt, beschworen. Und das sei seine Aufgabe, dass er das Unscheinbare zum Leuchten bringe, aber auch falschen Glanz entlarve, das Feste als brüchig, das Wirkliche als Trug.

So etwa, oder doch etwas anders, oder wiederum etwa so mag er es gesagt oder angedeutet haben. Die Sonne, die inzwischen die Fensterfront hereinblitzt, irisiert und irritiert. Wir, von des Dichters Stimme lyrisiert, glauben ihm Sprache und Wort, Liebe und Tod. Das Gedicht: eine feierliche Verkündigung. Es offenbart des Dichters priesterliches Ich. Seine Geste sagt: Heiligung! Seine andere Geste sagt ebenso entschieden: Anathema! So erhebt und verdammt er, beschwört und verflucht, erinnert und prophezeit, ahnt und mahnt. Und er glaubt hinter allem mit schönem Ernst das Nichts. Ach, man möchte immerzu lauschen. Aber auch gut, dass man klatschen und aufstehen kann.

Ein Clown läuft ins Bild

Mit anspruchsvollen Erwartungen war ich nach Paris gefahren, zur Ausstellung meiner Bilder in einer Galerie. Nicht die Stadt, auf die alle Welt ihre Bewunderung richtet, wurde mir zum Ereignis, sondern das Gespräch mit dem Clown Auguste, dem ich unversehens in die Arme gelaufen war.

Zum Clown geboren

»Sag mir, wie bist du Clown geworden?«

Auguste schüttelte nur den Kopf und meinte, ein Maler wie ich müsste wenigstens eine Ahnung davon haben, dass eine solche Frage überflüssig sei. Eine Allerweltsfrage sei das. Die setze voraus, man könne alles lernen, und wenn man wisse, wie etwas entstanden ist, sei es erklärt.

»Aber wann«, beharrte ich, »hast du gemerkt, dass du ein Clown bist?«

»Du bist es oder bist es nicht. Nicht du merkst es, die anderen merken es. Und sie lassen es dich fühlen.«

»Das verstehe ich nicht.«

»Am ersten Tag schon, als ich in die Schule kam, mich in die Bank setzte und mich in dieser fremden Welt umschaute, starrten mich alle an. Dann fingen sie an zu kichern. Ich schaute verwundert drein. Da fingen sie an zu lachen. Mein Blick wurde zu einem Flehen. Da brachen sie in Gelächter aus. Das war's.«

»Und dabei blieb es?«

»Es wiederholte sich von Tag zu Tag. Sobald ich im Ernst etwas sagte, brachte es sie zum Lachen, und verstärkte ich meinen Ernst, lachte selbst der Lehrer mit.«

»Hast du nicht gefragt, warum sie lachen?«

»Aber ja, ganz entgeistert fragte ich: ›Warum lacht ihr mich aus?‹ Und sie sagten: ›Wir lachen dich nicht aus, im Gegenteil, du machst uns Spaß.‹ Und ich sagte: ›Ich mache nicht Spaß, ich meine es todernst.‹ Da lachten sie noch mehr und sagten: ›Gerade wenn du es todernst meinst, machst du uns am meisten Spaß.‹

Das kränkte mich, ich weinte jahrelang, bis mir bewusst wurde: Das ist dein Schicksal, du musst es ertragen.«

»Das ist dein Glück«, entgegnete ich. »Die Leute haben Spaß an dir, was willst du mehr?«

»Dieses Glück hat mir lange bitter geschmeckt«, sagte er. »Aber dass ich die Leute, die armen, so oft verbitterten Leute zum Lachen bringe, das ist mir zur Genugtuung geworden.

Was mir wirklich gelungen ist: Ich habe aus meinem Geschick eine Kunst gemacht.«

Der Clown – ein Missverständnis

Wie oft war ich eigentlich schon im Zirkus gewesen? Ich könnte es nicht sagen. Ich fühlte mich angezogen, sooft einer in unserer kleinen Stadt gastierte, und bisweilen war ich aus nach einem Motiv zum Malen. Den Auftritt der Clowns nahm ich nebenbei wahr. Sie spielten die Rolle von Lückenbüßern zwischen einer Dressur und der nächsten Attraktion, sie sollten das Publikum bei Stimmung halten und vor allem den Kindern die Zeit vertreiben. Clowns mussten sich schon mächtig balgen und ins Zeug legen, um die Lacher auf ihrer Seite zu haben. Sie faxten mit Händen und feixten aus ihren rotnasigen Gesichtern, blödelten um eine Trompete und kugelten tolpatschig übereinander, spritzten sich gegenseitig Wasser ins Gesicht und teilten sich Schläge aus, die immer den Falschen trafen. Und wenn das Publikum nicht reagierte, klatschten sie ihm zu, bis es mitmachte. Dann war auch schon ihre Zeit um, die Kapelle setzte ein und eröffnete mit einem Tusch die nächste Schau, während die Clowns sich kleinlaut verdrückten. War's nicht so? Nur selten wächst ein Clown über sein Dasein als Randerscheinung hinaus. Mein Freund hatte es, wie ich seinen Äußerungen entnehmen konnte, zwar geschafft. Aber war deshalb seine Rolle beneidenswert im Vergleich zu den Artisten am Trapez, den Tierbändigern, den Feuerschluckern, den Seiltänzern, den Messerwerfern und all denen, die dem Publikum die Nerven zu kitzeln verstanden mit atemberaubenden, gefährlichen Sensationen oder entzückenden Frivolitäten?

»Was bist du für dein Publikum?«, fragte ich.

»Nur zu oft ein Missverständnis«, sagte er.

Das wollte ich erklärt haben. Gehörte ich vielleicht auch zu denen, die einen Clown missverstehen?

»Das Missverständnis«, so meinte er, »fängt bereits an, wenn Leute den Clown mit Verstand betrachten. Kinder reagieren ohne zu überlegen, ja Kinder fühlen, wie nah er ihnen ist, wie nah sie ihm sind, sobald er etwas falsch anpackt und gegen so viele Widerstände vergeblich anrennt, weil er sie nicht richtig einschätzt. So auch die Kinder, die tagtäglich erleben müssen, wie alle Dinge von einer geheimnisvollen Selbständigkeit sind. Die Welt ist für sie voller Tücke. Aber sie lassen sich nicht kopfscheu machen, sie kämpfen tapfer an gegen diese Verschwörung überall, wie der Clown. Was er ihnen vormacht, kennen sie wohl. Aber jetzt, bei seinem Spiel, geht es ihnen auf, wie ungeschickt sie selber oft sind, wie verdutzt und verlegen, sobald ihnen etwas misslingt. Dem Clown geht es nicht anders als ihnen. Mit einem Gemisch aus Sympathie und Mitgefühl stehen sie auf seiner Seite. Aber sie fühlen sich ihm, diesem einfältigen Clown, eine schöne Nasenlänge voraus. Das macht sie lachen, denn sie sind ihm überlegen, und sie lachen wie befreit über sich selbst.

Narren und Kinder sind sich nah. Aber Kinder werden erwachsen, bekommen eine Überlegenheit den Dingen gegenüber, sie haben sie bald im Griff. Damit verlieren die Dinge ihre Macht, aber auch ihren Zauber.«

»Bleiben wir dabei: Wie sehen dich die Leute?«, fragte ich.

»Die einen halten mich für lustig. Sie sagen sich, wer solchen Unsinn machen kann, muss heiteren Gemütes sein und ein durchtriebener Schalk, der sich auf Spaß versteht. Sie meinen also, weil ich sie zum Lachen bringe, müsse ich selber viel zu lachen haben.«

»Und die anderen?«

»Die sagen: Ein Clown ist traurig. Er malt sich ein lustiges Gesicht an, weil er traurig ist. Und wer richtig hinschaut, kann sehen, dass ihm zum Weinen zumute ist.«

»Ist das nicht richtig?«

»Das ist Literatur. Den Leuten gefällt so was, es gibt ihnen das Gefühl, sie schauten hinter die Maske – gerade ins Herz des Clowns. Ich habe noch nie einen Clown erlebt, der bei seinem Auftritt richtige Tränen geweint hat. Auch ich habe nie in der Manege geweint. Das kannst du allenfalls auf schlechten Bildern sehen, aber nicht in Wirklichkeit.

Malst du Clowns mit Tränen unter dem Auge?«, fragte er mit herausforderndem Spott.

»Ich war's versucht, aber ich habe es nicht getan.«

»Da hat dich dein guter Engel davor bewahrt. Oder ein guter Instinkt. Aber sag mir, welches Bild machst du dir von einem Clown? Als Maler müsstest du einen Blick dafür haben.«

Ich war gefordert, doch mir war, ich muss gestehen, nicht behaglich zumute. Wie sollte ich ihm, wo ich ihn nie beim Spiel gesehen hatte, etwas Wesentliches sagen können? Stockend und mehr vermutend als wissend, sagte ich:

»Ich stelle mir vor, ein Clown zeigt sich immer überrascht. Alles ist ganz anders, als er angenommen hat, schlimmer oder wunderbarer.

Das Unscheinbare wird ihm zum Besonderen, das Harmlose zum Abenteuerlichen, das Gefährliche zu etwas Leichtem. Und jedesmal staunt er darüber. Ja, sein Gesicht erblüht im Erstaunen. Man sieht ihm an, wie er vor Staunen schier erschrickt. Ob er eine Rose in der Hand hält oder einen Hosenknopf – er schaut, als sähe er alles zum ersten Mal und als könne er es nicht fassen, dass er es in Händen hat.«

Ich schwieg, da er mich mit nachdenklichen Augen ansah, und ich war auf einmal nicht sicher, ob alles nur Fantasie war.

»Du bist nah an dem, was ich zu verwirklichen suche«, sagte da der Clown Auguste.

Der Clown tritt daneben

»Aber sag mir – das wollte ich dich schon lange fragen: Was ist es, was den Clown zum Clown macht?«

In einer Regung aus Nachsicht legte er seine Hand auf meine Schulter.

»Was macht den Maler zum Maler?«, entgegnete er, »Was den Liebhaber zum Liebhaber? Du fragst nach dem Eigentlichen. Die Antwort, richtig verstanden, klingt einfach: Der Maler malt, der Liebhaber liebt.«

»Und der Clown?«

»Er tritt daneben.«

Er warf, als sei keine andere Antwort denkbar, beide Hände nach oben und ließ sie klatschend auf die Knie fallen: »Sein Leben ist ein Spiel, das Spiel sein Leben, das kann er bald nicht mehr auseinanderhalten. Ich zum Beispiel weiß schon nicht mehr, wo ich mehr ich selbst bin, im Zirkus oder hier. Der Zirkus ist mein Zuhause, laufe ich weg, gerate ich ins Abseits. Dann überkommt mich die Ernüchterung, aber sie bringt mir nicht Klarheit, im Gegenteil, mir wird schwarz vor Augen. Ich bin meiner nicht mehr sicher, ich zweifle an mir und meinem Können. Ich stolpere. Ich bin nicht in meinem Element.«

Er schweift ab, dachte ich. Er soll sich nicht herausreden. Ich muss ihn mit meiner Frage stellen: »Wieso ist dein Spiel ein Danebentreten?«

»Du musst«, sagte er, »als Clown so spielen, als ob du etwas willst, es aber nicht erlangst. Das finden die Leute komisch. Es ist im Grunde ein einfacher Vorgang: Du gibst vor, dich auf einen Stuhl setzen zu wollen – es wird dir aber nie gelingen, der Stuhl kippt um oder bricht zusammen. In jedem Fall ist es so: Du setzt dich daneben, du greifst daneben, du zielst daneben, und alles, was du unternimmst, geht daneben, obwohl und gerade weil du es mit größter Sicherheit oder größter Anstrengung zu tun vorgibst.

Der Clown ist ein ewiger Verlierer. Er macht sich lächerlich, ja, er hat den Mut, sich lächerlich zu machen. Er riskiert, wovor fast alle Leute am meisten Angst haben: Mit fast feierlichem Ernst setzt er sich der Blamage aus.«

»Das leuchtet mir ein«, sagte ich. Und ich verglich einen Clown mit Artisten. »Diese verstehen sich darauf, die richtigen Mittel einzusetzen, und es klappt. Da ist Geschicklichkeit Trumpf.«

»Aber«, so fuhr er fort, »beim Clown ist das Missgeschick nur scheinbar Missgeschick. Er plant es mit großem Bedacht und macht daraus, sofern er sich darauf versteht, eine Philosophie.«

Die Geschichte vom verliebten Koch

»Ich weiß jetzt schon«, sagte ich, »es ist die Geschichte, an der du weiterdichtest. Sie wird schlecht ausgehen.«

»Weißt du auch für wen?«, fragte er und zog die Augenbrauen fast belustigt hoch, dabei aber den Ernst im Gesicht wahrend und mich mit seinen großen Augen prüfend.

»Für den Koch«, sagte ich.

»Das wird sich zeigen.« Und er erzählte die Geschichte vom Koch, der um eine junge, schöne Frau wirbt, in die er verliebt ist.

»Der Koch will seine Auserwählte mit seiner Kochkunst erobern und lädt sie zum Essen ein. Kaum hat er die Suppe geschöpft, schiebt sie den Teller zurück, kramt aus dem Körbchen, das sie mitgebracht hat, Schinkenbrötchen und sagt, Schinkenbrötchen liebe sie über alles in der Welt, sie habe ihm diese mit Liebe zubereitet, er möge probieren. Er, überrascht, lässt die Deckel auf seinen Töpfen und isst mit ihr Schinkenbrötchen. Er lobt sie und zeigt sich hocherfreut. Während sein Essen in der Küche kalt wird, erklärt sie ihm nicht ohne Umstand, wie sie zu dem saftigen Schinken gekommen sei, wo sie die Brötchen gekauft habe und dass es gar nicht so einfach sei, schmackhafte Schinkenbrötchen zuzubereiten. Sie erzählt, wie in ihrer Familie Schinkenbrötchen immer allem anderen vorgezogen worden seien, und dass sie sich zeitweise daran nahezu leidgegessen habe. Aber ohne Schinkenbrötchen könne sie nicht mehr leben. Und mitfühlend kaut er, auch aus Liebe zu ihr, Schinkenbrötchen.

Das nächste Mal, denkt der Koch, werde ich sie mit Forellen überraschen, mit Kräuterbutter und frischzarten Salaten. Und wieder packt sie Schinkenbrötchen aus, noch bevor er die Forelle auf den Teller legen kann, und sie tut das mit dem Charme schönster Natürlichkeit, so dass er sich wortlos dreinfügt. Ganz vernarrt, sagt sie, sei sie in die Schinkenbrötchen, und er schluckt, tapfer Schinkenbrötchen kauend, seinen Missmut hinunter und denkt, die Gegenwart meiner Geliebten ist mir Nahrung genug zur Freude.

Von Mal zu Mal ist es das gleiche. Der Koch heckt stets eine neue Überraschung aus in der Hoffnung, sie werde seine Suppe kosten, seine Gemüse würdigen, das Fleisch mit den Saucen rühmen und seine Kochkunst anerkennen. Aber sobald er den Braten schneiden will, reicht sie ihm Schinkenbrötchen mit einer unnachahmlichen Gebärde, die besagt: Komm, koste von meinen Schinkenbrötchen, ich habe sie eigens für dich zubereitet, sie werden dir schmecken! Und er mit seinem verwöhnten Gaumen beißt in die Schinkenbrötchen, als hänge davon sein Leben ab; und sie, in der festen Meinung, er werde verhungern, wenn sie ihn nicht mit Schinkenbrötchen versorge, stimmt es traurig, mit ansehen zu müssen, dass er nicht dankbar, sondern mürrisch ihre Freundlichkeit erwidert.

Der Koch nimmt sich vor, ihr schonend beizubringen, dass sie beide nicht nur Schinkenbrötchen essen müssten, er habe auch etwas anzubieten, denn er verstehe sich, ohne sie kränken zu wollen, auf die Kochkunst, die ihm anderswo schon Preise eingebracht habe. Aber aus Angst, er könne sie demütigen, weil er vom Kochen mehr verstehe als sie, beginnt er wieder ihre Schinkenbrötchen zu loben und sich ernstlich vorzuwerfen, bisher nur an die eigene Küche gedacht zu haben. Er versichert ihr, dass nichts auf der Welt so gut schmecke wie ihre Schinkenbrötchen. Ja, was sind Rehrücken und Truthahn und Plumpudding im Vergleich zu ihren liebenswerten Gaben, so redet er sich ein. Er wird unsicher, ob er wirklich so etwas Besonderes anzubieten habe mit seinen geräucherten Forellen, bis er sich eines Tages vormacht, einen überkultivierten Geschmack zu haben, dessen er sich schämen müsse angesichts so liebevoll zubereiteter und so zärtlich angebotener Schinkenbrötchen. Der Koch beschließt also, Küche und Kunst zu vergessen und die Geliebte glücklich zu machen, indem er sich an den blanken Tisch setzt und zufrieden-freudigen Gesichts ihre Schinkenbrötchen bewundert.«

»Die Geschichte vom verliebten Koch ist deine Geschichte«, sagte ich.

»Wir machen uns immer Geschichten zu eigen. Hast du sie wenigstens verstanden?«

»Nein, ich kann ihr nichts abgewinnen.«

»Eines Tages«, sagte er nachsichtig, »wirst du dich an sie erinnern. Dann denk an mich.«

Bilder sind selbständig

»Komm mit in die Galerie«, sagte ich zu meinem Freund, »ich möchte dir meine Bilder zeigen.« Zu meiner Überraschung gestand er mir, er habe sie bereits gesehen, am Tag zuvor, und er habe sich lange mit ihnen beschäftigt.

»Aber ich hätte sie dir gern selber gezeigt.«

»Wozu?«, entgegnete er. »Deine Bilder brauchen dich nicht mehr, sie sind selbständig. Ein Maler ist wirklich zu beneiden.«

»Was meinst du damit?«, fragte ich nicht ohne Misstrauen.

»Weißt du, bei mir ist das anders, meine Kunst bin ich selber. Ich meine, im Augenblick, da ich spiele, wird sie sichtbar. Sobald ich abtrete, ist alles vorbei. Dir bleibt, was du tust. Du kannst ruhig zurücktreten. Was du gemalt hast, bekommt ein Eigenleben, das nicht mehr von dir abhängt.«

Mein Schweigen betrachtete er als Aufforderung, weiterzuphilosophieren:

»Wir beide, du der Maler, ich der Clown, machen sichtbar. Ich, indem ich mich selbst zur Schau stelle, du, indem du das malst, was du deine Innenschau nennst. Ich in Mimik und Gesten, du mit Pinsel und Farben. Ich banne, du fixierst. Aber mein Bannen dauert nur einen Moment. Ich kann mein Spiel wiederholen, obgleich keine Nummer die Kopie der vergangenen ist. Nur, kaum gespielt, ist sie auch schon dahin. Deine Bilder haben Dauer. Und ich kann mir vorstellen, dass sie sich immer mehr entfalten, je länger sie bestehen: Sie erneuern sich stets, weil sie jedesmal neu gesehen werden können. Der Betrachter kann verweilen, wie und so lange es ihm gutdünkt. Du bist eindeutig im Vorteil.«

»Aber du hast ein Publikum«, sagte ich, »du verspürst leibhaftig, wie du dich in die Herzen der Leute hineinspielst, bis sie gerührt sind und dir befreit zuklatschen. Vergiss das nicht.«

»Ja, das ist wahr. Es ist wie eine elektrische Spannung. Sobald der Funke überspringt, bin ich selber wie elektrisiert. Aber, du musst zugeben, es bleibt beim Augenblick.«

Ich weiß nicht, welches Ungeschick und welche Unschicklichkeit mich dazu brachten, Auguste in seinen Überlegungen mit der Frage zu unterbrechen, die mir, kaum dass ich sie gestellt hatte, eitel und plump vorkam: »Gefallen dir meine Bilder?«

»Sie sind«, sagte er, »nicht zu vergessen. Das ist ihre Stärke. Unter Tausenden könnte ich sogleich ein Bild von dir herausfinden. Vor einigen stand ich und dachte: So muss es sein, anders kann ich es mir nicht mehr vorstellen. Das ist schon was. Du bist du. Also stehe dazu und kümmere dich nicht darum, was andere sagen mögen.«

Denk an den Apfelbaum

Er mochte bemerkt haben, dass mich Missmut bedrückte. Nicht, dass ich wegen meiner Malerei ernstlich Grund zur Sorge gehabt hätte, im Gegenteil, ich hatte zufrieden zu sein. Aber ich gab schon immer den Zweifeln zu viel Raum. Sie rumorten und raunten in mir, und schließlich glaubte ich, die ganze Welt habe sich gegen mich verschworen, obwohl kein Grund dazu bestand. Mein Freund schien das zu kennen. Er tröstete mich nicht, er gab mir eine Lehre.

»Stell dir vor«, sagte er, »und bedenke: Der Apfelbaum blüht im Überschwang, ein schäumender Rausch ist's, und im Herbst hängt er voll von Äpfeln seiner Art, und es kümmert ihn nicht, wer sie aufliest und ordnet, und erst recht nicht, wer sie zu Markte trägt und verkauft, und ganz und gar nicht, wer daran Gefallen findet und sie isst.

Diejenigen, die essen, kommen sich am wichtigsten vor. Bisweilen tun sie so, als müssten die Äpfel, an denen sie Geschmack finden, sich noch dafür bedanken – so wählerisch gebärden sie sich. Diejenigen, die sie zu Markte tragen, tun so geschäftstüchtig, als seien die Äpfel ihre Erfindung. Dabei hängt ihre ganze Liebe nicht an den Früchten, sondern am Verkauf und am Gewinn, den sie machen. Diejenigen, die sie auflesen, sehen vor allem die Mühe, die sie haben, und sie klagen über das Wenige, das sie für die Schmerzen im Rücken bekommen.

Den Apfelbaum schert das alles nicht. Er blüht und wird wieder blühen und nichts anderes im Sinn haben, als seine Früchte zu tragen. Und das so lange, bis sie von selber fallen. Seine Lust ist, das zu tun, wozu er bestimmt ist.

Denk also, sooft dich Missmut ankommt, an den Apfelbaum. Das wird dir guttun.«

Brot der Einsamkeit

Am Tag meiner Abreise trafen wir uns eine Stunde vor Abfahrt des Zuges an der Gare de l'Est. Wir setzten uns vor dem Bahnhof auf eine Treppenstufe und schauten auf den Verkehr, schweigend und etwas benommen. Kaum Freunde geworden, sollten wir wieder auseinandergehen. Das Gespräch, in dem wir uns nahegekommen waren, wird nun jeder selber fortsetzen müssen, um den Reim auf das eigene Leben zu finden.

Ob einer gehen muss oder sich zurückgelassen vorkommt, beides schmerzt wie ein großes Missverständnis, dem wir ausgesetzt sind.

Der Clown Auguste schien alles mit Gelassenheit hinzunehmen wie einer, der in den Wechsel von Kommen und Gehen eingeübt ist. In einigen Tagen wird er seinem Zirkus nachfahren und mit ihm von Stadt zu Stadt ziehen, im gewohnten Takt wird das Zelt aufgestellt und abgebrochen werden. Zwischen Einpacken und Auspacken wird er seinen Auftritt proben, wird sich berauschen am kurzlebigen Beifall und den Zufällen wie Abenteuern begegnen, während ich in die Stille des Ateliers einkehren und, gefangen von der Melancholie des Alleinseins, meine Bilder malen werde.

»Einsamkeit schmeckt bitter«, sagte ich plötzlich und brachte damit zum Ausdruck, wie mir zumute war. Er sah mich an, seine großen Augen, die mir lieb geworden waren, blickten sanft.

»Du und ich, wir brauchen Einsamkeit wie das tägliche Brot.«

Er erzählte wie nebenbei und doch mit Eindringlichkeit, wie ihm ist, wenn er nach seinem Auftritt aus dem blendenden Licht der Manege hinaus in die Nacht stolpert: Das Rauschen des Beifalls verebbt, der Tusch bricht ab und geht sogleich über in die imposante Ankündigung der nächsten Attraktion.

»Da stehst du draußen, plötzlich allein, dir selbst überlassen. Hinter dir das lichterfüllte Zelt riesenhaft gegen den Nachthimmel. Du hörst nur noch wie von fern die Zirkuskapelle, hörst Rufe, unterbrochen vom Applaus, der wie ein Schwarm von Aberhunderten von Vögeln vorüberrauscht, und das alles ist nicht mehr deine Sache. Du steigst in deinen Wagen, setzt dich müde vor den Spiegel, schminkst dich ab und schaust dich selber an wie einen Fremden.

Nein, du bist nicht traurig, du hast es gut gemacht, du könntest vergnügt sein, aber dann spürst du eine merkwürdige Einsamkeit um dich. Keiner würde es bemerken, wenn du jetzt tot umfielst. Sie, in deren Herzen du dich gespielt hast, sind längst von einer neuen Nummer beseelt. Das Publikum ist eine ungetreue Geliebte.

Manchmal nagt die Eifersucht an mir, und halb verzweifelt rufe ich: Bin ich denn schon vergessen? So verraten komme ich mir vor.«

»Was tust du dagegen?«, fragte ich. »Betrinkst du dich?«

»Trinken? Nie. Ich kenne zu viele, die sich in einer solchen Stimmung der Verlassenheit zu Tode getrunken haben.

Ich gehe, wenn mich's überkommt, in die Stallungen. Dort ist es warm und behaglich. Die Tiere sind von einem Gleichmut, der mein Herz besänftigt. Am wohlsten fühle ich mich bei den Pferden, und ich lausche mich in ihr ruhiges Schnauben hinein. Dann atme ich auf.«

»Aber du hast mir nicht gesagt, warum Einsamkeit Nahrung ist.«

»Du musst sie auskosten«, sagte er, »dann verstehst du.«

Das war unser letztes Gespräch.

Nebenbei bemerkt und beachtet

Ausgeschert

Auf der Autobahn im Hügelwogen der Champagne du im Rausch der Fahrt, fährst und fühlst dich gefahren, überholst und wirst überholt. Unaufgehalten, unaufhaltsam fährt es so dahin in einem sich dahinziehenden Strom.

Da regt sich's in dir, dämmert heran als Vermutung, wird zum bohrenden Gedanken: Wie, wenn du in Paris vor verschlossener Türe stehen wirst, weil man dich vergessen, den Tag deiner Ankunft nicht richtig registriert hat? Ob du nicht doch telefonieren, dich vergewissern solltest, dass alles wie abgemacht bleibt? Du solltest.

Bei der nächsten Ausfahrt also ausscheren, das willst du, dazu drängt es dich nun mächtig. In Ungeduld hältst du Ausschau nach dem Hinweisschild, das endlich vor dir auftaucht, Ausfahrt zu einem dir fremden Ort. Ein Name, den du sogleich vergisst.

Du verlangsamst, kommst in weitem Bogen auf ein Sträßchen, das du in Ungewissheit, ob du richtig getan hast, dahinfährst, aber jetzt, wo du aus der Strömung der Autobahn heraus bist, jetzt, wo es stiller wird, so merkwürdig ruhig, als sei hier alles stehen geblieben, jetzt, denkst du, lasse ich mir in diesem Abseits alles gefallen, was auch kommen mag; ich nehme mir Zeit.

Vereinzelt erste Häuser, wie vergessen neben der Straße. Wer, so fragst du dich, mag da wohnen, so dumm abseits der Welt. Wegweiser, die Abzweigungen markieren; du bleibst auf der Geraden, steuerst in den nächsten Ort bis zur Kreuzung, dann links. Ein Platz tut sich auf, weit und leer, du lenkst den Wagen hin, biegst ein, hältst, steigst aus, blickst dich um.

Das ist ja eigenartig schön, denkst du und schaust auf das Palais, das stattlich und ein bisschen verwittert dasteht, schaust nach den Häusern daneben, die eine geschlossene Front bilden, alle leicht grau unter grausilbernen Schieferdächern und hohen Schornsteinen. In der Mitte des Platzes ein Denkmal. Ganz französisch, denkst du, ein Platz für Paraden, keine Bäume, die Gebäude von einer eher nüchternen Geschlossenheit, schön strukturiert durch die vielen schmalen, hohen Fenster. Dir fällt Königtum ein und Napoleon, am Palais liest du den Namen eines Generals, liest was von Militärmuseum.

Am entgegengesetzten Ende, wo die Straße in eine Schlucht schmaler Häuser führt, steht ein Café, dahinter ein Kramladen, eine Metzgerei. Da bewegen sich Leute, wirklich, da zeigt sich Leben. Also nicht alles läuft auf Paris zu.

Du näherst dich einem, fragst nach dem Telefon, er weist nach einem Gebäude; da sei die Post. Die ist geschlossen, Mittagspause, die strikt eingehalten wird. Du wartest am Eingang, schaust wie herausgefallen aus aller Zeit über den leeren Platz hin. Vorher rasende Eile im Auto auf der Autobahn, und hier, als verharre alles im Stillstand. Eine Frau macht einige Schritte vor dir halt, stellt sich wartend hin, ein Mädchen trippelt heran, bleibt stehen, ein Mann kommt des Weges, hält inne, grußlos auch er, und jeder in stummem Verharren, jeder anderen Blicks.

In der Post, hinter der hohen Türe, ein Rumoren. Aber kein Schlüssel wird im Schloss umgedreht. Der Zeiger am Palais rückt auf zwei Uhr, Schläge hallen über den Platz, und exakt auf die Sekunde knarrt der Schlüssel, so schlagartig exakt, dass es dir ganz surreal vorkommt. Stell dir vor, wie die Posthalterin, die inzwischen hinter ihrem Schalter wirkt, vorher minutenlang hinter der Türe verwartete, um auf die Sekunde genau aufzuschließen, nicht eine vorher, nicht eine nachher, sondern zusammen mit dem letzten Glockenschlag. Und macht das so Tag für Tag durch alle Jahre hindurch, ob draußen eine wartende Menge sich versammelt hat oder keiner dasteht, egal und exakt in diesem, wie du noch immer vermutest, verlassenen, weltvergessenen Abseits.

Sie weist dir die Kabine, in der du telefonieren kannst, zu; nicht irgendeine, sondern die mit der Nummer zwei, die mittlere. Du hast ihre Anweisung korrekt zu befolgen. Die Eile, mit der du aufgetreten bist, hast du verdrängt. Mit Eile ist hier nichts zu erreichen. In Demut wartest du, bis sie einen Kasten aufgeschlossen hat, verfolgst mit Respekt, wie sie ein Buch auf den Tisch legt, einen Stift aus der Schale nimmt, bis sie dir, als handle es sich um einen Gnadenerweis, die Erlaubnis gibt, die von ihr bestimmte Kabine zu betreten, die mittlere, und du bist inzwischen so verunsichert, dass du dich fragst, ob du sogleich den Hörer abnehmen darfst oder ob du warten musst, bis ein Klingelzeichen ertönt. Also öffnest du nochmals die Tür, schaust vergewissernden Blicks hin zur Posthalterin, die den Mann bedient, umständlich wie nur möglich. Du hast zu warten.

Erst wenn der Mann abgefertigt ist, bist du dran. Jetzt nimm den Hörer ab, wähle. Wähle am besten nochmals. Aus der Ferne ein Summton, dringt in dein Ohr, tutet im Gleichmaß, tutet ins Leere, du wartest und wartest, dass es knacke, doch niemand hebt ab, es bleibt der sich wiederholende Summton, dem du nachhörst, dessen Takt du unbewusst mitzählst. Es nützt nichts. Da stehst du in deiner Ratlosigkeit, keine Stimme, die dich befreite, bis du dir einen Ruck gibst und den Hörer in die Gabel legst. Kein Anschluss, rufst du im Vorbeigehen der Posthalterin zu, die dem Mädchen, das vor dem Schalter steht, Geld auszählt. Moment, sagt sie und zählt weiter. Du bleibst, sie schaut auf eine Apparatur, kontrolliert. In Ordnung, sagt sie. Du kannst gehen.

Unschlüssig vor dem Postamt schaust du über den Platz hin nach deinem Wagen, siehst daneben andere, die inzwischen dort parken, schaust Leuten nach, die dahineilen, zielsicher geschäftig, jeder seinen dir unbekannten Besorgungen nachgehend, während du nicht weißt was tun. Der Drang, rasch voran weiterzufahren, ist dir längst vergangen. Paris, so fernab, bereits egal. Also gehst du planlos dahin, so fremd, so deplaziert, wie du dir vorkommst.

Ich könnte mich ins Café setzen, statt sogleich ins Ungewisse hinein zu fahren, könnte am Ort bleiben, hier, an diesem mir vom Zufall zugewiesenen Ort, mich umsehen, ein bisschen diese Alltäglichkeit mir beschauen, Bangloses, das, weil unscheinbar, interessant sein könnte. Etwa dies, wie einer stehen bleibt und sich umständlich eine Zigarette anzündet, oder wie im zweiten Stock eine Frau das Fenster öffnet, einen Blick lang in die Straße hinabschaut, dann hinauf zum Himmel, ehe sie zurücktritt und nur der Rahmen des Fensters so merkwürdig leer erscheint, umrahmte Leere, auf die du starrst, als könntest du den Kopf der Frau wieder herbeibannen. Und malst dir aus, was sich in der Tiefe des Zimmers wohl abspielt; so bedeutungsvoll kommt dir dieses verlassene Fenster nun vor.

In einer Seitenstraße hinter dem Schaufenster ein erhellter Raum: Eine mollige, stupsnäsige Blondine in weißem Schürzenkleid schert, derweil sie sich mit einer Dame unterhält, einem Pudel, der angegurtet auf einem Tischchen steht, das weiße Kräuselfell und zupft, unablässig plaudernd wie in einem Stummfilm, weil du keinen Laut vernimmst, mit rotlackierten Fingernägeln an den gelockten Manschetten der Hinterläufe.

Vor dem schmalen Hotel, an dem du hochschaust, überlegst du, ob du nicht doch für eine Nacht dich hier einquartieren solltest. Aber du weißt im Voraus, was dich erwarten wird: Enges Zimmer mit Bett und Schrank in abgestandener Dumpfheit, und wie du den eisernen Laden hinausdrücken wirst, damit frische Luft durch die Fensterflügel hereinschlage, und hinter den Wänden mit den ausgebleichten Tapeten hörst du das Wasser durch die Röhren rauschen, hörst das Knarren die Wendeltreppe herauf, hörst es parlieren, wovon du nichts verstehst, hörst ein Lachen, das dich anwidert.

Und wie ich das alles kenne, sagst du dir, auswendig weiß ich das alles. Du könntest dir was gönnen, ein ausgiebiges, gut gewähltes Nachtessen, dich beraten und bedienen lassen, umstellt vom Kitsch künstlicher Blumen, kitschigem Komfort. Aber wie die laute Langeweile ertragen, wenn aus der Ecke des Speiseraums der Fernsehapparat aufflimmert mit seinen Aktualitäten, die hier so schreierisch falsch wirken und deren Wirklichkeit so künstlich, deren Erregtheit dir gerade hier so leer vorkommen wird.

Nein, sagst du, ich kenne das sattsam, auch hier wird's nicht anders sein als anderswo. Da hocke ich einen langen Abend am Tisch und schiele nebenan, wo zwei sich vertraut unterhalten oder Karten spielend sich Zeit vertreiben. Oder ich blättere eine zerblätterte Illustrierte durch, die zufällig herumliegt und die ich nur in die Hand nehme, um etwas zu tun zu haben. Oder ich nehme den Kellner ins Visier, wie dieser der Wirtin hinterm Tresen Blicke zuwirft, die nichts anderes zum Ausdruck bringen als Arroganz, mit der er die Gäste, die er zu bedienen hat, naserümpfend beurteilt, er, der ihre Manieren nicht so passend findet, wie er sie sich wünscht. Und hat keinen Kenner am Tisch, der souverän herrscht, dass er, der eitle Kellner, in Ehrfurcht erstarren könnte. Ach, es ist wieder nichts für ihn an diesem Abend, nichts als diese Provinzler. Wenn er vor denen eine Flasche entkorkt, dann in geziert disziplinierter Zurückhaltung und so, als müsse er den ganzen französischen Adel verkörpern und demonstrieren, was Vornehmsein heißt – so herausfordernd ist jede seiner Gesten. In Paris, das soll man ihm ansehen, hat er's gelernt, im feinen Paris unter feinsten Leuten. Und so spielt er sich nun auf, als sei er der Herr eines Grand Hotel, in dem er keinen, der hier in diesem Lokal verkehrt, je empfangen würde. Nein, sagst du, nichts für mich, allenfalls etwas für einen Schriftsteller, der sonst nicht weiß, was schreiben. Ich fahre weiter.

Im Flughafen

Welche Bilder sind mir geblieben, im Nachhinein, von all dem, was man in dieser Betriebsamkeit zu sehen bekommt?

In einem der Stehdrinks, wo ich Lust auf eine Tasse Schokolade hatte, am benachbarten Rundtischchen zwei jüngere Japaner, beide von derselben untersetzten Größe, demselben Aussehen, beide im dunklen Anzug, beide Zigaretten rauchend, beide in der Art und kühlen Frische von Geschäftsleuten, die einen Auftrag vor sich haben und ohne Gepäck hier die Zeit abwarten in gelassenem Geplauder. Nein, keine Unterhaltung, die ins Lebhafte führen könnte, nur, so scheint es, ein Austausch von Bemerkungen.

Aber warum bleibt mir dieses Bild? Vielleicht, weil diese schwarzhaarigen, gepflegt gekleideten und wartend dastehenden Japaner sich so gleich sind in allem, zum Verwechseln gleich und ohne ein auffallendes Merkmal, Japaner im Gleichschnitt und wie aus dem Modejournal. Schon sie musternd hätte ich sie nicht charakterisieren können, etwa, falls notwendig wegen eines Umstandes, bei der Polizei, die nach meinen Angaben ein Fahndungsbild anzufertigen gehabt hätte. Nichts hätte ich sagen können als: Dies waren zwei adrette, gut gekleidete, glattrasierte, schwarzhaarige und gut frisierte, Zigaretten rauchende und einen Kaffee trinkende Japaner, die frisch und unternehmerisch dreinschauen und weltgewandt im Leben stehen, im Flughafen, vielleicht auf Zwischenstation, auf etwas warten, denn Absichtslosigkeit kennen sie bestimmt nicht, sie haben immer einen Auftrag, ein Ziel, ein Geschäft vor Augen. Die stehen nicht bloß herum aus Langeweile, sondern passen Zeit und Gelegenheit ab, wohl wissend was sie wollen. Doch in allem unauffällig.

Und an einem anderen Stehtisch ein Liebespaar, ein sehr ungleiches, vor dem Abschied, wo nochmals schmerzdurchsüßte Zärtlichkeit beide zueinander zieht, beide also Auge in Auge, sie, die auffallend junge Frau, zu ihm hochschauend, er, stark im Alter, hochgewachsen und schlank, das Gesicht voll braungelber Bartstoppeln, auf dem Kopf eine braune Wollmütze, braun auch sein Pullover, er keine Erscheinung, nicht attraktiv, aber ganz Aufmerksamkeit und von einer Hingabe voller Sanftmut, zumal in den Augen, aber auch, wenn er sie mit der Hand eher in Andeutung streichelte; er also ein Baum, unter dessen Schutz sie sich wohlfühlte, so dass in ihr eine junge Liebe erblühte, ganz an ihm sich aufrichtend, und nun, so mir scheinend, muss sie weiter und kann sich in einem lang sich dahinziehenden Abschied nicht von ihm lösen; steht mit ihm Auge in Auge da, sie eher wie sprühend, er eher besorgten Blicks.

Ich mag mich nicht fragen, was die beiden zusammengeführt hat und was mit dem Abschied ist. Das ist ihre Geschichte, eine der Erfüllung und doch nur die eines kurzen Höhepunktes im Leben. Wer weiß, in welche Versprechungen sie sich hineingesteigert haben. Aber das, was ich vor mir sehe, das ist, wie mir vorkommt, ein Moment, in dem Einssein und Abschied zusammenkommen. Liebesglück und Liebesschmerz und Zuversicht und vielleicht schon uneingestandenes Ahnen von Verlust.

Heimkehr

Zuerst die Stube, war so klein, als hätte man die Wände nähergerückt. Der alte Schrank warf einen breiten Schatten. Ich ging zu einem Stuhl und stellte den Koffer ab. Der Türrahmen hinter mir hing voller Neugier. Dann kamen sie herein, und die Stube wurde noch kleiner, enger, und auf jedem Stuhl saß wer. Um mich tauchten Gesichter auf, jedes mit einer Frage verhängt, und große verlangende Augen.

Wie es gewesen sei, wollen sie wissen, kaum dass ich den Koffer aufgeschlossen habe. Die Gesichter schieben sich näher, die Wände, und ich auf dem Stuhl bin der Fremde, der ein Geheimnis hat. Von Fragen umstellt – da strömt etwas an mir herauf, Vertrautes, Duft fern verbrachter Tage, der sich in meinen Kleidern verfangen hatte. Der Koffer, leicht geöffnet, zu meinen Füßen.

Wie es gewesen sei. Ich spanne über den Gesichtern den Himmel von gestern auf, setze Wolken hinein und die Sonne, und um die Schienen, auf denen mein Zug zurückfliegt, branden die Dächer einer Stadt; Türme stürzen heran und eine Kuh schreit auf dem Feld, und der Berg zieht seine blaue Melodie zum Horizont. Rasch, ich lasse den Tag der Ferne erstehen, falte die Straßen, die ich gegangen bin, auseinander; Häuser baue ich dazu, die Leute von der Ecke und den Markt mit den Tomaten und dem Gerufe. Die erste Nacht im Hotel und den Fluss, den ich hinabfuhr, einen Kahn voll Singen, Karussell unter den Weidenbäumen, wo Tanzende sich vor der gelben Trompete umarmen. Ein Ballon steigt auf und noch einer, rot und leicht, beide verbunden schweben sie ins Blicklose. Bald entrückt.

Die Gesichter schieben sich näher, Münder gehen lautlos auf, manchmal ein einfältiges Lächeln, und ich reise wieder aus dem Zimmer, zurück in die fremde Stadt. Unter der Bewegung meiner Hände aber, leis, wächst ein Weißes herauf, steigt ungerufen an meine Brust, eine Gestalt, wie verschleiert. Hastig erzähle ich weiter, dass keiner es merke, wie sie langsam die feinen Hände mir um den Hals legt. Du, denke ich, woher? Rund um mich die Gesichter mit dem offenen Mund, und ich sehe, wie die Augen nach der Bewegung meiner Hände tanzen, auf, ab. Heimlich hebt sich dein Gesicht aus dem weißen Schleier, legt sich mir still auf die Lippen, wird bald mein Gesicht bedecken. Und die andern werden mich nicht mehr sehen, habe ich Angst.

Und rede wirrer von der fremden Stadt, eile die Straßen entlang, wild die Hände bewegend. Doch du kommst höher, legst deinen Mund auf meinen Mund, so zart, und ich rede durch dich. Auf deinem Haar die Blüte des Abschieds, und ich schaue durch deine Augen, während ich erzähle, umdrängt von Fragenden und ganz in Angst, sie könnten dich entdecken. Du hängst an meinem Mund und alles, was ich sage, wird weiß von deinem Weiß, überall die Farbe deiner Augen, atmet den Duft deiner Haare. Sie werden dich fangen, denke ich. Da beginnst du zu singen, und ich rede rascher, dass sie dich nicht hören sollen. Und da sagst du laut, dass du bei mir bist und dass ich dir gehöre.

Ich weiß nicht mehr. Ich habe plötzlich die Stadt vergessen und alles, erzählte nur noch von dir und wie ich dich an jenem Abend kennengelernt habe. Sie stand einfach neben mir, sagte ich, sie ist schön, so fremd und seltsam schön.

So sagte ich, aber schon musste ich spüren, wie dein Gesicht sich von mir langsam abhob, wie deine Lippen fest wurden und schmal. Sie kann singen, sagte ich, als könnte sie fliegen, und hat helle Haare wie ich. Immer mehr gestand ich den Fragenden, immer kleiner wurdest du, ferner, und auf einmal nicht mehr da, weg, verschwunden.

Und ich, als sei ich erwacht, sah auf eine Hand, die eine Zigarette zum Gesicht schob, sah daneben eine Frau, die sich unruhig auf dem Stuhl bewegte. Und die Gesichter wie Scheiben. Und ich redete fort, von ihr, die nicht mehr da war. Redete endlos über sie. Die Gesichter vor mir wurden fahler, und als ich wieder um mich sah, standen leere Stühle im Kreis, und ich in der Mitte, allein.

Mein Johannes

Ein Kopf, wie Veit Stoß ihn geschnitzt haben könnte, der Kopf eines Apostels, der des Johannes. Nicht einer mit schulterlangem Haar, auch nicht Verklärung im Gesicht. Eher buschige Haare, männlich ausgeprägte Züge um Mund und Nase, fein durchfurchte Stirne, wache, dir zugewandte Augen mit Wohlwollen im Blick – einer, dem du deine gute Meinung gern anvertraust.

Kein Zweifel, er sieht aus wie er heißt, eins in Name und Gestalt, und sooft ich ihn Johannes nannte, ein aufmunterndes Lächeln, als hörte er mit Wohlgefallen seinen Namen. Als werde mit dem Namen auch sein Wesen erkannt und beachtet. Johannes, davon fühlte er sich selbst angerührt; als liebte er wie kaum einer seinen eigenen Namen. Und mit Johannes meinte ich nicht nur ihn, sondern durch ihn hindurch auch den Apostel, einen, wie Veit Stoß ihn geschnitzt haben könnte. Als sei er aus dem Kreis der Jünger, die gottnah über dem Altar stehen, herabgestiegen, so musste er sich vorkommen, wenn ich ihn freudig Johannes rief. Bis er mich eines Tages, und eher beiläufig, darauf aufmerksam machte, er heiße eigentlich Karlheinz. Mir kam das unglaublich vor. Mein Johannes ein Karlheinz – wie klang das in meinen Ohren unschicklich, ja blechern, so gewichtslos, gesichtslos. Ein Absturz aus Goldgrund und Altar herab, das wollte mir nicht in den Sinn, das wollte ich nicht wahrhaben. Und wenn wir uns einmal im Jahr, wie gewohnt, trafen, kam mir jedes Mal unbedacht Johannes heraus. Ergeben lächelte er, und erst hinterher fiel mir ein, dass er anders heißt.

Er weiß darum. Inzwischen gehört es zum Ritual, dass ich ihn Johannes nenne. Ich möge dabei bleiben, sagte er, da er merken musste, wie schwer ich mir tat mit seinem Karlheinz. Aus meinem Munde Karlheinz, das müsste ihm, so kann ich mir vorstellen, befremdlich vorkommen. Er könnte meinen, ich sei auf Distanz gegangen, wenn ich ihn nicht mehr mit dem Namen Johannes anredete, aus dem eine gewisse Gefühlswärme zu spüren ist, eine Vertraulichkeit, wie sie bei Kosenamen zur Geltung kommt. Und es sei zu bedenken, was in mir vorgegangen sein müsse, dass ich ihn mit seinem richtigen Vornamen anrede, eben weil in meinem Falle das jeder Selbstverständlichkeit widerspreche und nur so zu erklären sei, dass sich meine Einstellung zu ihm verändert haben müsse. Dieses Bewusstmachen, dass er Karlheinz heiße, könnte als Entfremdung gedeutet werden, also dass ich ihn wie einen Gegenstand objektiv anzusehen und korrekt zu benennen fähig sei.

Noch ist es nicht soweit. Noch nenne ich ihn bedenkenlos Johannes, so wie damals, als ich ihn kennen lernte und mich sein eindrucksvoll geprägtes Gesicht und sein Kopf mit den vollen, gelockten Haaren an einen Johannes erinnerte, wie ihn Veit Stoß geschnitzt haben könnte. Man stelle sich vor, der Apostel Johannes träte einem leibhaftig entgegen und sagte, er heiße nicht Johannes, sondern Karlheinz. Heinz ist ungehörig. Wer wie ein Johannes aussieht, sollte wenigstens Heinrich heißen. Ich bleibe dabei, ich muss, je länger ich's bedenke, dabei bleiben und diesen Karlheinz mit seinem Apostelkopf Johannes nennen. Das bin ich ihm und seinem Ansehen schuldig.

Ankunft

Der Bauernhof an der Straße zwischen den beiden Dörfern, er hat eine Haltestelle, und die drei Mädchen halten Ausschau nach dem Bus, sehen, dass er droben hinter der Kuppe auftaucht, und durch ihre Erwartung zittert ein Erregen: Der Bus, er kommt, er fährt unaufhaltsam auf sie zu, und eines der Mädchen, es kann sich nicht halten, springt halb in die Straße, breitet die Arme aus zum Willkommen und dass er ja nicht vorbeifahre, springt wieder zurück, und nun winken sie alle drei, und wirklich, der Bus hält knapp vor ihnen. Der Fahrer drückt auf einen Knopf, mit einem Puff geht die Flügeltüre auf und heraus aus dem Wagen hüpft ein Mädchen, das mitgefahren ist, und steht vor denen, die in Ungeduld gewartet haben; steht da wie starr im Wiedersehensschreck, wird umringt, nicht mit Worten, nur mit Blicken begrüßt, gleichsam erstaunt, dass sie es wirklich ist, die da vor ihnen steht. Und stürmen, noch bevor der Bus weiterfährt, halb toll in einer Freudigkeit, die in Schreie ausbricht, als bunter Wirbel hinauf zum Haus.

Stationen der Einsicht

Auf der Fahrt nach Brixen kam es mir wieder in den Sinn: Einsichten haben einen Ausgangspunkt. Man gewinnt sie an einem Ort. Wir können im Nachhinein sagen: Da und da ist mir was aufgegangen, bei der und der Gelegenheit habe ich die und die Einsicht gewonnen. An diesem Ort ist sie verankert, sie hat da ihren Anfang, ihren Ausgang.

Es tut gut, an diese Stationen zurückzugehen, sich auf sie zu beziehen. Das Erlebnis hat einen Grund: Es wird zum Grunderlebnis. Es ist an diesen Grund zu erinnern, sich auf ihn zu berufen, damit die Einsicht plausibel wird und zu vermitteln.

Auf der Fahrt nach Brixen erinnerte ich mich: Als ich zum ersten Mal dort war und nachts ein mächtiges Gewitter aufkam mit furchterregendem Donnern, das aus allen Bergen widerhallte, und wie von überall her Glocken dagegen anläuteten, verstand ich darin nicht nur das altüberlieferte fulgura frango (Blitze breche ich), sondern auch die Botschaft: Wir sind wach und besorgt, wir sind, sollte der Blitz in ein Haus einschlagen, parat zum Helfen; du bist nicht allein in der Furcht und der von Blitzen durchzuckten Finsternis.

Glockengeläut nicht bloß als Abwehr, auch als Gebet, auch als Signal, dass alle Menschen wach und wachsam sind, und dass du nicht allein, nicht vereinsamt und vergessen in deiner Kammer dem Schrecken ausgeliefert bist, sondern einer Gemeinschaft angehörst.

Donner und Blitz nachts in den Bergen, das ist, wer es erfahren, von elementarer Gewalt, die einem trotz Aufbietung aller Verstandeskraft in die Glieder fahren kann – bis in die Todesangst: auch den Tieren, denen auf freiem Feld und in den Ställen. Dagegen läuten die Glocken an, die vielen aus allen Kirchen berghin und bergab, in geballter Abwehr.

Von Frömmigkeit gestärkt

Mariä Lichtmess – da ist mir Mutter nah, mit Datum und Fest. Sie war es, die mein Herz gläubig gemacht hat, von früh an. Sie hat es geöffnet für Gott, hat in warmen zusprechenden Worten mir Himmlisches offenbart, hat nach und nach mir Jesus vor Augen geführt, die Mutter Gottes, Engel und Heilige, hat mir Gebete gesprochen, bis ich sie nachsprechen konnte, hat mich mit Weihwasser bekreuzigt und mich dem Schutz des Heiligen und Heilsamen anheimgegeben, hat mich mit in die Kirche genommen und mich mit leisen Worten auf das Geschehen aufmerksam gemacht als einen erhabenen Vollzug der Ehrfurcht vor einem göttlichen Geheimnis, und sie hat mich eingebunden in den Ritus.

Und so erwachte ich in den Glauben und der Glaube erwachte in mir und ging auf wie eine Blüte. Im Mai hatten wir daheim ein Marienbild aufgestellt, das im Gelb der Schlüsselblumen und ihrem honigsüßen Duft schier ertrank. Abend für Abend beteten wir, meine Schwester Melitta und ich, und wir taten das innig und fühlten uns von Frömmigkeit gestärkt. Das waren die ersten Erfahrungen aus dem Herzensinnern heranwachsender Andacht. Himmel und Herz im Einklang. Nicht der Religionsunterricht in der Schule machte mich religiös; er vermittelte Katechismus als Lernstoff, gab wohl dies und das als Wissen mit. Ich konnte das aufnehmen, weil ich durch meine Mutter voraus schon eingeübt war. An ihrer Seite und in ihrer Geborgenheit wurden mir die Mysterien anvertraut – und nicht als ein Fremdes, nicht als ein bloßes, ja entblößtes Wissen, sondern als eine Wirklichkeit, ein Heilig-Himmlisches, das sich mir wie ein mir Zukommendes öffnete und in das ich hineinwuchs.

Das war mehr als Initiation, mehr als Erziehung zu religiösem Verhalten, mehr als nur Vollzug von Ritualen. Das war Einbettung in den Glauben, war Herzerweiterung und Herzerfüllung, Glauben aus Herzensgrund: aus dem Innern kommende Andacht und Verehrung und ein unter mütterlicher Obhut herangewachsenes Urvertrauen. Mit einem Sinn für das Numinose.

Das lässt sich nicht laut sagen, nicht in Diskussionen darlegen, nicht in Debatten verteidigen oder durchsetzen. Lässt sich allenfalls andeutend beschreiben, und das auch nur vage.

So was trägt einer in sich wie einen Impuls, wie heimliche Heimat, wie Licht, wie Ursprung allen Vertrauens. Wie eine Zisterne, aus deren Tiefe das Wasser zu schöpfen ist, das einen belebt. Und da hinabschauen, hineinhören: Da werden die Augen wieder klar, die Ohren feinhörig. Da mag einer spüren: Da ist ein Ort des Wesentlichen – ob und wie einer vertrauen und lieben, beten und sich freuen, fühlen und verehren kann. Und sich geborgen wissen.

Sich selbst zur Frage werden

Kein Tag, an dem ich nicht frage, ja selbst zur Frage werde, Ausschau haltend nach Sinn, nach Sein und Tod, nach Kosmos und Chaos. Ich im Wenn und Aber, wo ich, was mir einleuchtet, wieder bezweifle, dem Grund, auf dem ich stehe, misstraue – nicht aus Angst um mich, nicht in Notwehr für meine Existenz. Diese sehe ich eingefügt, eingebettet in das irdisch Ganze. Meine Frage geht um Gott, also aus mir hinaus um den Sinn, der weiter greift als die Frage nach dem Woher, dem Wie und Wofür, ja weiter als nach dem Wohin.

Das Universum in seinem astronomischen Unmaß, denkerisch nicht zu begreifen, mag einen erschrecken, auch faszinieren, sofern die ins Unendliche sich ausweitende Endlichkeit in ihrer Gesetzlichkeit erkannt und beschrieben wird. Einzigartig in diesem Universum ist die Erde, und sie wird es, trotz ihrer Winzigkeit, bleiben. Alles um sie herum ist nur quantitativ, und so unfasslich das Universum auch sein mag: Die Erde ist das Besondere, das in allem Hervorragende. Und wer sie nicht als Mittelpunkt des Universums begreifen will, muss sie doch als Höhepunkt anerkennen. Sie ist unvergleichlich anders, sie ist letztlich universal. Auf ihr konzentriert ist das, was wir Leben nennen, und das so vital und zum Staunen vielfältig, dass man zu sagen versucht ist: Das ganze Universum ist um dieser einzigartigen Erde willen da. Oder anders: Was wäre das Universum ohne die Erde.

Aber wo ist der Himmel, wo wenigstens der, wenn wir nicht mehr zu fragen wagen, wo Gott ist: Wo der des »Vaters« Jesu?

Ein Vormittag

Ich habe meinen schulfreien Montagmorgen, frei auch von aller Verpflichtung, und sitze im oberen Zimmer. Der rechte Fensterflügel steht offen, herein tönt das Gegacker einer Henne, die heute Abend noch geköpft und gerupft wird, denn morgen bringt der Händler neue Hühner, Barnevelder, die nach unserem Ermessen zwei Jahre lang auf der Wiese unter den mächtigen Birnbäumen herumspazieren, brav und ungestört ihre Eier legen dürfen und dann in Pfanne und Topf kommen. Tief unten vom Dorf herauf ein rauhes, empörtes Bellen, als habe man den Hund erschreckt, und nun wehrt er sich und hat selber Angst und bellt drauflos, als sei er der Tapferste aller. Dann wird er mit eingezogenem Schwanz ins Haus zurückschleichen, sich knurrend in seine Ecke legen und einem Dämmerschläfchen sich hingeben. Schön klingen die Glocken der weidenden Kühe den See herüber, das mag sich wie Poesie anhören, und dem ist so; am anderen Ufer, den Wiesenhang hinauf, weiden Tag und Nacht Kühe oder Rinder, und drüben ist die Schweiz und hüben weiden keine Kühe oder Rinder, hüben ist Deutschland, und das macht wohl was aus. Jetzt höre ich den Zug das Ufer entlangfahren, wie er in baumschattige Buchten hineinfährt, dass sein Rauschen gedämpft wird, und wie er herausfährt mit einem hellen Pfiff: Obacht, ich komme! Und in Steckborn einfährt und verstummt. Und Stille liegt überm See, und mein Ohr öffnet sich dem Gezirp und Gesürr einer Meise, die von Ast zu Ast hüpfend Nahrung sucht und suchend singt und hüpfend sürrt und sürrend hüpft und sucht und zwischendurch aus der Baumrinde was pickt. Ich brauche also nur zu sitzen und in meine Ohren kommt hereinspaziert die Stille mit ihrem Schmuck. Auch das Flugzeug, das am Horizont aufbrummt und übers Haus hinwegpropellert, ein kleines Privatflugzeug, sicher weiß und mit roten Zahlen bemalt, und darin sitzt ein Porzellan- oder Schokoladenfabrikant, der eiligst zu einer wichtigen, unaufschiebbaren Besprechung muss, bei der es um Millionen geht, wohlverstanden Gewinn. Lassen wir es ungestört weiterpropellern, denn dieses Flugzeug, das ja so klein aussieht hoch droben wie ein Kinderspielzeug, stört uns nicht, im Gegenteil, auch sein propellerndes, bellendes Gedröhn ist rasch da und vorbei und gehört zum Schmuck der morgendlichen Stille. Ich höre, und das erstaunt mich sehr und erstaunt mich auch wieder nicht, weil dem lauschenden Ohr auch das Selbstverständliche wundervoll vorkommt – ich höre einen Specht klopfen, und sein Tacktack, sein Tacktacktack ist von heiterem Ernst, und den lässt er sich nicht nehmen, er hat den Stolz des Einzelgängers, der weiß, was er sich schuldig ist. Ein Lüftlein lässt die Blätter aufwirbeln, hör nur, wie das melodisch rauscht, wie es anschwillt und sich aufbauscht und verebbt, und wie das Rauschen neu sich kräuselt und kringelt und die Blätter am Ast zum Drehen und Wirbeln bringt, die vielen rund um den Baum, der nun wie eine Ballettschule, zum Tanz aufgefordert, mit allem Eifer seine Kunst zeigt und das alles unter Anleitung eines kleinen, doch mutwilligen Lüftleins.

Was die Hühner nur haben? Die Hennen gackern wie wild durcheinander, der Hahn muss einschreiten und kräht dazwischen, ein herrlich-herrscherliches Krähen, das Ordnung schafft und die Hennen beruhigt und beglückt. Heute Abend wird eine geköpft und gerupft. Federn lassen müssen wir alle, auch wenn sie noch so glänzen, wir wissen nur nicht wie bald schon und durch was.

Eine Szene machen

So, ist jetzt alles gesagt? Dann kann ich ja gehen.
Und er stand auf und ging.
Sie, betreten, blickten ihm nach. Er konnte gerade noch hören: Es war doch nicht so gemeint. Nein, so hatten sie es nicht gemeint, dass er sie einfach so sitzen ließ, sie, die ihm bei dieser munteren Zusammenkunft nur mal Bescheid stoßen wollten, aber immer ein bisschen mehr sagten, als sie meinten, immer ein bisschen hämischer, verwegener, lauter, als sie bisher zu sein wagten. Bis sie, wie man es sagt, sich nicht mehr kannten und an den Punkt gelangten, wo man einen fertig macht und noch und noch eins draufgibt.

Also hatten sie ihn mit Vorhaltungen und Vermutungen eingedeckt, bis ihnen nichts mehr einfiel, einfallen konnte, weil er, ohne sich zu wehren, stumm dasaß und alles ohne Widerspruch einsteckte. Und das war es ja, was sie mehr und mehr reizen musste, auf ihn einzudreschen, bis sie ihn klein hatten, erbärmlich klein in ihren Augen.

Da stand er auf und ließ sie sitzen.

Und sie kamen sich vor wie leer und wie aus dem Hemd. Es ging ihnen auf, dass sie zu weit gegangen waren. Der Schreck saß ihnen in den Gliedern. Sie waren ratlos. Sie sahen sich verachtet und sitzengelassen. Zerrissen war etwas, das sie bisher verbunden hatte, trotz allem verbunden in guten und bösen Tagen, heilsam zum Wohle aller verbunden. Und hätten sie ihn jetzt hier gehabt, sie hätten ihm zugeredet, ihn beruhigt, bereit zur Versöhnung mit einem: Wir sind doch nicht so. Was also tun, war die Frage. Aber was, wussten sie nicht und waren nicht imstand, einen Entschluss zu fassen, um die Sache zu bereinigen.

Also ging man sich aus dem Weg, achtete darauf, ihm nicht zu begegnen aus Angst vor der Peinlichkeit. Die Scham wurde zur Wut, dass er sich nicht selbst stellte. Und in ihrer Wut, zuerst über die eigene Ohnmächtigkeit, dann über seinen Hochmut, diesen arroganten, verdammt starrhalsigen Hochmut, fühlten sie sich wieder im Recht, empört darüber, was der sich nicht alles anmaßt!

Sie begannen ihn zu hassen als leibhaftigen Vorwurf, der ihnen jederzeit in den Weg treten kann. Sie hätten ihn, um endlich Ruhe zu haben, am liebsten … Der soll sich nur ja nicht mehr blicken lassen!

Also wieder ein Examen

Beim Erwachen hatte ich gerade noch den Schluss des Traumes erfassen können: Ich war in eine italienische Klausur geraten und wusste nicht, wie ich ohne Hilfe die vorgelegte Passage übersetzen sollte, nämlich vom Deutschen ins Italienische. Viktor war bereits von Fragenden umlagert, Heinz wird mir, das merkte ich, nicht helfen wollen, weil er selber zu stark sich herausgefordert fühlte und alle Kräfte anzuspannen hatte. An den hinteren Tischen saßen mir unbekannte Studentinnen. Ich sah mich suchend um, welcher ich mich anvertrauen könnte. Eine richtete ihre Augen auf mich, signalisierte Bereitschaft, meinen ganzen Text zu übersetzen. Es war ihr augenscheinlich ein Bedürfnis, tätig zu werden und ihre Kenntnisse zur Geltung zu bringen. Beim ersten Satz wachte ich auf.

Also wieder ein Examen. Die Vergangenheit will mich nicht freigeben. Und kommt jetzt mit Italienisch, auf das ich nicht vorbereitet sein kann, weil ich nie einen Kurs besucht hatte. Ich werde die Prüfung nicht bestehen, selbst wenn ich mir alles übersetzen lasse, man wird es merken und mich im mündlichen Examen entlarven. Alle anderen werden nicht nur ungeschoren davonkommen, viele werden glänzend bestehen, man kann es ihren erwartungsvollen Gesichtern ansehen, die darauf ausgerichtet sind, der Herausforderung siegreich ins Auge zu blicken. Eine Frage, und eine Salve von Antworten bricht los, schafft sich Luft, erschallt wie befreit, so stark hat sich's angesammelt, dieses Wissen, dieses mit Begier erlernte Wissen über Jahre hin. Endlich darf es heraus, sich zeigen, darf strahlen, darf blitzgescheit auftreten und der Bewunderung gewiss sein. Glänzend bestanden, wird es heißen. Ein Gratulieren, ein Händeschütteln, und mit allen Hoffnungen geschmückt geht's hinein in die Zukunft, wo so einem alle Türen offenstehen und er von allen erwartet und der schönsten Aussichten gewürdigt sein wird. Wir sehen ihn bereits hineinschreiten in die Lichterflut, die aus der Ferne ihm zuströmt und ihn wie einen Erwählten umgießt. Wie muss er glücklich sein, der da einst so fleißig gelernt und geübt hat und von Prüfung zu Prüfung hinaufsteigend den Beweis erbracht hat, dass er zu Höherem berufen ist und gleichsam mit goldenen Flügeln über allem schweben wird von Erfolg zu Erfolg, derweil einer wie ich immer noch in dunkler Vergangenheit festsitzt und von Träumen heimgesucht wieder das Examen nicht bestehen können wird, und falls doch mit knapper Not das in Italienisch oder Griechisch, dann gewiss nicht das in Mathematik, weil mir partout nicht mehr einfallen will, wann ich zuletzt etwas von Differentialrechnungen gehört haben soll.

Warten

Du bist mit einem verabredet, und der kommt nicht. Hast alles zur Besprechung hergerichtet, bist parat, liest die Zeitung, das Buch nur noch halben Sinns, das Ohr nach dem heranfahrenden Auto ausgerichtet, den Schritten, dem Klingeln. Die vereinbarte Zeit ist längst überschritten, eine halbe, eine volle Stunde vorüber. Der Nachmittag wird mit Zuwarten vertan, weil nichts anzufangen wäre, das ein gut Stück Verweilens und der Konzentration bedarf.

Du wirst ärgerlich. Warum ruft der, der längst hier sein sollte, nicht an, meldet sich ab oder bittet um Aufschub. Sollte ihm unterwegs etwas passiert sein, ein Unfall? Oder hat er Tag und Stunde vergessen? Gab's ein Missverständnis, also dass er erst auftaucht, wenn du ihn nicht mehr erwartest? Was beginnen in solcher Ratlosigkeit? Er ist es doch, der etwas von dir will, dringlich seine Bitte, dich zu sprechen. Oder ist ihm doch alles nicht wichtig genug?

Du fragst dich, kannst keine Erklärung finden, gehst schließlich ans Telefon, willst dich vergewissern – keiner in seinem Hause hebt ab. Bald sind es zwei Stunden über der Zeit, du gehst vor die Türe, hältst Ausschau umsonst, gehst hinein sogleich, weil du einen Anruf nicht verpassen willst. Es kommt keiner. Verdruss kommt auf, Vorwürfe formulieren sich wie von selbst: Dem muss doch, was immer er gerade treibt, unwohl in seiner Haut sein; muss doch spüren, dass etwas nicht in Ordnung ist. Wie kann der in Ruhe verharren, wo er dich so sehr in Unruhe bringt! Du gibst ihm noch fünf Minuten. Wenn er dann nicht da ist, dann aus. Aus für diesmal, für immer. Soll er sich an einen anderen halten, mag er sich umtun und zusehen, wo er Hilfe findet. Nicht mehr bei dir, so denkst du. Und wirst, sobald er mit einer schönen Ausrede kommt, ihm in noch schönerer Nachgiebigkeit beistehen. Ganz in Edelmut.

Die schmecken's

Die dürre alte Geiß vom Aspenhof, wer wollte glauben, dass sie noch ein Zicklein werfen werde. Es kamen zwei. Als sie trächtig im Stall stand, war eines Tages ein roter Kastenwagen in den Hof gefahren. Ein verendetes Kalb wurde hineingeschoben. Die Geiß hatte sich hoch aufgerichtet und starrte, auf die Hinterbeine gestemmt, aus ihrem Verschlag hinaus mit Augen, die wie Kugeln glühten. Die Nüstern waren gebläht und bebten vor Erregung, der weiße Bart zitterte, und Maul und Nase, sonst von einem rosa Anflug, waren ihr eisgrau geworden.

So in starrer Todesfurcht stierte sie auf den roten Karren und blieb, als er längst auf dem Weg durch die Felder davongekurvt war, in ihrem Entsetzen, aus dem kein Schmeichelwort sie lösen konnte.

Die Viecher schmecken das von weitem, sagte der Bauer. Auf der Weide, so sagte er, sobald der Abdecker mit dem roten Lastwagen über den Feldern auftaucht, hören die Kühe sofort mit dem Fressen auf, fangen zu brüllen an, sind ganz aus der Fassung. Ja, die schmecken den Tod schneller als wir.

Leer der Hof, nachdem der rote Kastenwagen sich davongemacht hatte, und doch erfüllt von Unheil. Rundum Entsetzen, bei der Geiß, bei den Kühen im Stall und drüben bei den Stieren. Selbst den Vögeln hatte es die Stimme verschlagen.

Ich sah den Bauern an, ratlos. Der stand stumm und verlegen im Hof.

Das Entlein

Mir kamen die Tränen, im Hals presste es mich, dass es schmerzte. Es hatte sein müssen. Als ich dem Entlein, diesem munteren, zutraulichen, lebendigen Flaumenkerlchen den Kopf abgeschlagen hatte und das Blut den Klotz hinabquoll und ich sah, wie das Beil im Holz steckte und links der Kopf lag offenen Auges, das sich nur langsam, allzu langsam schloss und rechts der Flaumenkörper mit dem Bauch nach oben lag und ich die Beinchen in der Hand hielt, bis das Leben ausgezuckt hatte – wie weh war mir wie nie bei einem Tier, das ich töten musste; ich hätte alles, wenn es nur gegangen wäre, rückgängig gemacht, auf der Stelle. Aber es hatte sein müssen, denn jeden Tag weiterhin wäre es ihm nur schlimmer gegangen.

Dieses Entlein war uns lieber geworden als die beiden anderen, weil es all unser Sorgen und Hoffen verlangte: Es konnte auf seinem rechten Bein kaum stehen, schleifte es mit sich, setzte sich tapfer durch als Krüppel, wehrte sich mit starkem Lebenswillen, robbte zum Napf, lief auch wieder, angstvoll und selbstvergessen, einen Meter weit, um dann hinzusacken.

Als es zwei Tage alt war, fiel es von der Mauer und hatte sich dabei unheilbar verletzt: Das Beingelenk war nicht mehr in den Fugen. Wir hofften, dass die Natur stark genug sei, es zu korrigieren, aber nach Wochen wurde es nicht besser, sondern vertrackter. Die Vernunft sagte mir: Tu es jetzt und lass nicht länger das Tierchen sich abquälen. Auch ein Chiropraktiker, dem ich es zeigte, machte mir klar, dass nicht zu helfen sei.

Also ging ich an das Unvermeidliche, als meine Frau nicht zuhause war; das Ende dieses von ihr umsorgten Entleins sollte ihr nicht zugemutet werden. Dieses Leben, dieses schnabelschnatternde lebensvolle Leben – gern ließ es sich streicheln und mochte meine Hand. Und als ich es aufnahm, um es zum Hackklotz zu tragen, kuschelte es sich vertrauensvoll in mein Handnest.

Wie weh ist mir ums Herz.

Im Garten habe ich es vergraben und einen fetten Stock Gänseblümchen darauf gepflanzt. Mehr konnte ich für dieses Wesen nicht tun.

A dir ischt all de Dod vebii
bis etz
hosch nu is Grab guckt
vu de andere
wi wenns nu sälle
it au di kennt treffe,
so bisch am Dod vebii
bis etz

it ohne Schnitt:
denn sälle scho im Grab
sind au e Stuck vu dir
vum Läbe wo du gläbt hosch
vu dim Wäg
wo ggange bisch
sind vu dim Härz
e Gluet

vom Gspräch e gwichtigs
Wort gsi
sind dir vor Auge gstande
sunnighell
hond s Brot deilt mit dr
Freid und Jommer
bis dass de Dod on um de ander
a d Hand hot gnumme

und di
di hotr stande loo
bis etz
und due wie wenn er di
it kenne dät
nint wett vu dir
und hot doch au scho lang
e Aug uf di

bis dass er stoobliibt
d Hand dir giit und seet
ganz liisle:
kumm au mit
bisch draa.

Is Grab
is Grab vu dir
do gucket Auge ini vu
wer woss,
mit om bisch ggange e Stuck
Wäg

hosch gseet wa oner etz
schwär ummetreet
hosch ggässe mit om Bitterkeit
hosch mit om Sunne trunke
om bluetets Härz onn jommerets
onn druckts
und om bisch noo wie wenn
du ase läbig näbem stoosch

und oner denkt:
bis etz
ischt all de Dod a mir vebii
wie wenn er mi it känne dät
nint vu mir wett
i läb und där hots troffe
lang vor mir
am beschte i bhalt d Händ
im Hosesack
no merktr nint
de Dod

bis dass er stoobliibt
oomool –
oh er wird doch it
sell ka it si
dass der etz eifach
d Hand mir giit und seet
ganz liisle:
kumm au mit
etz bisch duu dra.

Die Herren vom Bestattungsinstitut
in Schwarz, ballettartig auftretend

Sie ge-statten,
Ihren Gatten
zu bestatten,
wir
vom Be-stattungs-insti-tut,

wir in Frack und Hut
tun jeden Falles
alles,
dass Ihr Gatte würdevoll und gut
im
Grabe ruht,

und es geht
wie sich's versteht
bei uns mit
ein-fühl-samster Pi-e-teet,

wir sind jederzeit
für
Sie bereit
zum letzten eh-ren-den
Geleit.

Sie ge-statten
Ihren Gatten –
gnäd-ge Frau:

Sie
lassen ihre Sorge
unsre Sorge sein,
wir
wollen da nicht spa-ren,

den Toten
würdig
aufzubah-ren,
um seinen feierlichen Abschied
ee-wig
im Gedächtnis zu bewah-ren.

Auswahl an Särgen,
Sie gestatten,
unser Stolz,
für Ihren Gatten
nur von ausgesuchtem Holz,
von Meisterhand furniert,
matt und poliert,
ee-del verziert

und innen – garantiert
mit Seide ausstaffiert,
mit leichten Stoffen decken wir
den Gatten zu
zur
sanften Ruh.

Wir vom Be-stattungs-insti-tut,
wir wissen gut:

In
jeder Lage
solcher Schick-sals-tage
kennt
ohne Frage
unser Haus
sich bestens aus,

regelt
ganz de-zent
und – wie es sich versteht –
ganz diskret
alles dies auf
altbewährte Weise,
musikalisch oder leise
oder, wenn man will,
trauerstill,
aber wenn nicht stumm –
dann Choräle vom Harmonium,
oder Jagdhornklang
mit dem Doppelecho aus dem
Hintergrund
und
auch Posaunen wären da zur Stelle
oder himmlisch helle
Stimmen eines engelgleichen
Kinderchors,

zu empfehlen wäre
unser Flöten-Geigen-Trio,

dieses mit den innig leisen
Tönen zu gemäßen Preisen,

oder gar
ganz wunderbar
der Herzenston
vom Saxophon,
eigenmündig sozusagen
vorgetragen,
tief bewegend und erregend
von unserm exklusiv
engagierten –
nun, nennen wir ihn schon-grad,
unserm weltbekannten Musiker
Bernd Konrad.

Wie gesagt zu jeder Zeit
sind
wir bereit
für jegliche Be-stattungs-angelegenheit,
gleich ob Erde,
Feuer
oder auch als Asche-
streuer
auf hoher See
oder in der Luft aus hoher Höh':
immer wir in treuer
Dienst-bar-keit
in Schmerz und Leid.

Nicht zu vergessen,
ja,
ein Gedicht
zum Gedächtnis dessen,
der hinieden
hingeschieden,
und ein würdigender Le-bens-bericht
als Ehrenpflicht.

Zu fragen, mit Takt,
ob beim Trauerakt
ein Geistlicher –
oder etwa nicht
eine sonstige Persönlichkeit
von Gewicht
aus seiner Sicht
spricht.

Sie gestatten,
auch für Kondolenzen
auf
Buketts und Kränzen
ist zu denken,
zu ergänzen
mit Gebinden,
drum sich Seiden-
bänder winden
mit den Abschiedsworten
goldgeprägt,

Kerzen hell und schlank
über Immergrün-gerank
mit
Nelken,
die nicht rasch verwelken,
und
immer edel
Palmenwedel.

Auch ein Arrangement aus Lilien weiß
im Kreis
von Tannenreis
und
Lorbeer
dem Verblichenen zum Preis,
auch mit Trauerflor,
hervor
aus weichen Moosen
Rosen,
die den Abgeschiedenen
ein letztes Mal liebkosen.

Sie ge-statten:
Beim Bestatten
Ihres Gatten
tun wir jeden Falles
alles
ausnahmslos in allem bestens gut,
wir
vom Be-stattungs-insti-tut.

Alemannisch vom See

I hon wani hon

i hon mi gsicht
it dass is vesteck
it dass is vedeck
hon i mi gsicht

i hon mi herz
it dass is vehäng
it dass is vedräng
hon i mi herz

i hon mi wort
it dass is veschmäh
it dass is vedräh
hon i mi wort

i hon mi läbe
it dass is vewahr
it dass is vespar
hon i mi läbe

i hon min dod
it dass en vegiss
it dass en vemiss
hon i min dod.

A de Hand vum Glick

De Hang ufi und dert
am Langbirrebomm vebii
grad ini in Waald

wo Bueche um Bueche
rot iberriselet sind vu Knoschbe
bis usi a d Spitze.

Baar Däg
no schuumet si grie in Mai.

Reesch vu de junge Sunne
raschelet s Laub vum vorige Johr
om um b Fieß

und Veiele Neschter vu Veiele
blauet im Grund vu de Halde

und zwisched de Bämm ufe
blinket de See.

Und guggugg
zmool heer i de Guggugg
wo rieft zum erschtemool
guggugg rieft i däm Johr.

Geldbeitel schittle
seet do de Vadder
sell bringt om Glick.

I stand und los und
guggugg rieft ganz noh de Guggugg
i fang a zelle
ischs sibemool zwelfmool –
scho hot er mi drusbrocht
där Gugger.

En Geldbeitel
woni schittle kennt
hon i kon

aber s muetet mi aa
solang i däm Guggugg zueloss wo rieft
zum erschtemool guggugg
rieft i däm Johr
wi wenn mi s Glick
a d Hand gnumme hett.

O wie schä

En Kläne
kunnt d Stroß rab
elloenig mit em Ranze
uf em Buckl
us de Schuel

also wie duckt

zmool
goot en Rucker durch
den kläne Maa

er fangt a renne
und tschuttet vor sich häre
e Bix

o wie des schäpperet
wie hell des vu allene
Hiiserwänd zruckrieft:

wie schä
o wie schä des Läbe doch ischt
mit ere Bix vor de Fieß.

Im Himbbelevesteck

Zmitts im Waald
wos zmool ganz sunnehell ischt und
zwisched de Dännele Gras om
bis ufi an Buuch goot

dert ani gom mir
(kumm mit aber därfsch it veroote)
alljohr wenns de Ziit ischt
i d Himbbele.

Gnottlet voll
hanget die Bosche
rot funklets do nu so dur d Bletter
doo zupfemer Beerle um Beerle

mucksmeislestill
und joo it schwätze it riefe
soll konner merke
dasses doo Himbbele giit.

D Sunne brennt
und d Brennessle giftet om um d Wade
und d Huut vekretzts om
aber vegisses

hampflewiis
Himbbele sieß Himbbele rot
(wenns di gluschtet schopps glei i s Muul)
monn wa die guet sind.

Uf d Biine
bass uf wi die wild dont
und e Hummele schwarzbelzig schwer
drimmlet am Bode

im Gsicht
de Schweiß dropfet du schleesch
wi blind noch de Bräme schleesch bis
rot bisch vum Bluet und Himbbelesaft.

O die Däg
die schäne hitzige Däg zmitts im Waald
i de Himbbele wo zfride und stolz
mit Kännle voll homm bisch.

Halber segse am Morge

Halber segse am Morge
woni vewach.
Vor em Fenschter d Vegel,
Vegel wo singet, wie wenns
de letscht Daag fir si wär,
de erscht.

De Räge iber d Naacht
ischt vegange, Näbel
dampft vor de Sunne.
Vegel wo singet im Garte,
Bämm voller Vegel, wie lockts mi.
Fromm los i usi in Maiemorgegsang.

De Zug vu dänne iberm See,
i heer en mool heller, mool
meh im Schatte vun ere Bucht.
Wie noh s ander Ufer ischt
so am Morge, wo alls om vegege kunnt.

Wie ischt mir wohl i minere
Vogelfriehmess.
En Schwade vum nasse Hei
duftet mi aa. Schä
o wie schä, wenn dribert nomool
iischloofe därfsch.

I gang z ackere

Schwär hon i z ackere
i minere Sprooch

hert isch de Bode
voll Steiner und Lätt

kon Duft bricht en uf
kon Dau i de Naacht
wonen lind macht

waner treet
serblet und
liit wenn en Luft goot
im Arge

aber dinne
im Dunkle dief
i monn: doo
ischt no e Läbe

en Grund
wo it uusgnergelet ischt
it vebrennt

i moss z ackere goo
i moss
au wenns nu oo Strophe ischt
woni schaff

oomool
so hoff i
treet min Bode min aalte
so arg vehunzete Bode
wider e Frucht.

Vum Vogel wo funklet

Stumm bin i zmitts im Daag
i find ko Wort me

fir de Vogel wo pfiift
fir de Luft i de Bämm
fir de See wo funklet

bis dass mers droomt
im Arm vum Schloof

vum Luft wo pfiift
vum See i de Bämm
vum Vogel wo funklet.

Im Dobel dunne

Wo alls sich vekroche hot
im Dunkle dief
und fascht kon Schnufer
duet us Angscht

wo de Luft stoo-
blibe ischt und nint
sich muckt

und jeder Wäg
schwarz ischt und leer

und nu e Bächle
vor sich animuulet
ohne Ohre und blind

singt
singt ganz elloenig
stundelang durch d Nacht

e Nachtigall

singt
wie wenn nu si
und koner suscht wisst
dass wider Dag werre
moss.

Bodman

Im Gsicht de See:
Sägel wiß venäehet
Ufer mit Ufer.
En hälle Oscht
wirblet e Blau uf
dass d schreie kennsch
vor Glick.

Im Rucke
hinne
gohsch dure Wolke
grie und still
vu allmachts Bueche
in Berg.

Dert hinne
im griene
stille Grund schlooft

s Echo.

Sibefach seis
hon i heere sage.
Monnsch
du meesch riefe
obs wohr ischt.

Aber
ob äbbes z riefe wosch
wo it veschricksch
wa sibe-
fach
zruckkunnt uf di?

Hommweh

Min Wäg wo mir ischt
vu sovil wos giit
min Wäg
ischt blooget vum
Hommweh.

Lauft woner ischt
uf und devu
lauft us de Stadt
iber d Bruck um de See
lauft hinter de Bärg
und hot Hommweh.

Min Wäg
woner anikunnt
blooget vum Hommweh
heert nimme uf.

Schilfgott Pan

1
Wo bisch mr blibe
Pan
wa bisch veschwunde
mir isch: s sind hundert Johr
dass i di numme heer.

Vor hundert Johr und meh
ischt mittags zmitts im Schilf
als so e Liftle

e Liftle zart und zag
hot flischterselig binselet im Schilf

und des ischt gstande wi en Wall
so wallig grie und waldig
bis in See.

Mir isches gsi wi
nie und näene suscht
vor hundert Johr und meh.

2
Und hot de Luft is Schilf
wenns gwitterhäftig
vum Weschte unne ufe kumme ischt
hot doo is Schilf de Luft
wild inighaue

wa hosch als kenne lache doo und johle
Pan
und wiescht veruckt due
gruusig ummedanze.

s Schilf des hot d Bletter gwetzt
hot silbrig gseblet
im Sturm: wa hot der deeberet
wa ischt der ruuschig driberthii
im Dundergroll

und boge hot sich s Schilf
und duckt
und ischt doch standeblibe
hundert Johr und meh.

3
Nu etz wo ani bisch mr
Pan
wa bisch veschwunde
i heer di numme fleete
numme johle.

Am Ufer noo des Schilf
des wallet numme
im griene Schwall

mir isch wi wenns
vetloffe ischt
so leer

und wa do blibe ischt
wa allno stoot
des krankt und serblet allszue
Stock um Stock
und d Bletter hanget
dochtelos in See.

Und kone hundert Johr me
ischt alls hii.

Doo liisch

Doo liisch
Birrebomm aalte du
allmachts guete Bomm.

I dine Blätter ummegjuckt
isch d Sunne
de Luft hot di gstrählet
i s Huus vu dine n Äscht
inigriselet
isch de Schnee.

Wer hot di
Birrebomm
gradwägs wi wenn nint gsi wärsch
umdue
wer di so ganz vehaue und so vesäget
so arg.

Bisch mit em Johr vewachet
mit jedem Mai
hosch all meh gluschtig gschuumet
im wiiße Blueseht.

A din Schatte wo
im Summerglanz
barfueß iber d Wise gloffe ischt
denk i
a die Vegel wo gnischtet hond
i alle fimf Steck
und a die Birre wo
Johr fir Johr
trage hosch
Birre saftig gäel
bis si zonnewis deig wore sind
im Dau und Duft.

Wer hot und wiso di umdue
gradwägs di umghaue
dass dooliisch
dot.

Mir ischt no im Ohr
de Schlag vu de Axt
i heer selle Säge wo säget
so schreiig und schrill
no im Schloof.

Do liisch
anikeit mit Gwalt
de Himmel wo ghebt hosch
so blutt etz so leer
und d Sunne bläret grell
uf di abi.

O wer und wiso hot di
Birrebomm aalte du
allmachts guete Bomm
umdue.

Wer und vor wivl Johr
hot di in Bode gsteckt
und zoge
und wer di umdue.

Koner hot a de ander denkt:
it der wo di umduet
a der wo di pflanzt hot
und der it a desell
wo di umduet.

Doo liisch
vehaue und uusgnaschtet
so ganz vesäget din Stamm

liisch doo und dot
mit meh wi sibe mool sibe
Ring ums Herz.

Hond si gseet

Si hond gseet:
de Maa isch dot,
etz isch er dot,
etz hom mern dot,
hond si gseet.

Hond en gleet
in d Kammer nuf,
de Sarg stoot uf,
de Dote druf
hond si gleet.

Hond en dreet
em Fridhof zue,
etz hot er Rueh,
vum Läbe gnue,
hond en dreet.

Hond e Red
vum Pfarrer gheert,
vum Vorstand gheert,
vum Lehrer gheert,
Red um Red.

Si hond gseet:
etz isch er dot,
etz bliibt er dot,
so isch de Dod,
hond si gseet.

Do hocksch i dim Leid

S wurget und s wuchret im Hals
s Härz ganz veschwolle
wird hert.

En Klumpe des Leid
wo z schlucke hosch und
dra drucksch.

Kriegsch nint usi vor Leid
it oe Wörtle
und nint wa lind wär
will ini.

Treesch umme di Leid
wie blind
it z fasse kriegsch es
it los.

Warte mosch mit dim Leid
bisses vu selber schrumpft
vetrocknet
bisses innedinn
isch wie en Stei
wo mool veschluckt hosch

und nimme loskriegsch.

Lazarus

1
Ko Wort vum Dod
hosch du gseet
Lazarus
ko gotzigs Wort vu däre Anderwelt
wo alle die wo gstorbe sind
etz sind

as Schatte ummehuschet
aschig grau
und so im Duschter vum ene Tunell
druf blanget
banget

bis dass en Engel kunnt
im Strahlekranz
en Engel licht
si Gsicht e Sunne
Händ us Diamanteblitz

und dass er rieft
posuuneluut:
ihr doo
etz sind ihr draa
ihr mont ko Angscht hon
ihr
und kummet mit

i gib ei neie Auge
mach ei d Ohre uf
no heeret ihr wa ihr im Läbe
nie hont kenne heere

i brenn mit mine Händ
us Diamanteblitz
en neie Mund ei uf
dass jedes Wort e Lob wird
jedes Lob e Lied

ihr alle doo
ihr kummet mit
i fiehr ei ini in en
ganz vezickte
ewig innige
Gottsaugeblick

2
Ko Wort vum Dod
ko gotzigs Wort vu däm
wa mit em ischt und
noch em kunnt
hosch du gseet
Lazarus

und bisch i däre Anderwelt
im Duschter vum ene Tunell
wo alle sind wo gstorben sind
doch gsi

und vor ER kumme ischt
hots it bloß gmiichtelet
im Grab
s hot gstunke.

ER aber rieft:
du doo min Lazarus
kumm use Lazarus
kumm Lazarus stand uf

und du
du kunnsch
kunnsch usem Dod
kunnsch usem Grab is Läbe
zruck
i d Sunne

und alls drumrum stoot
stock und starr
und mags
au wa zum Griife ischt
it glaube.

Du aber seesch
ko Wort vum Dod
ko gotzigs Wort vu däm
wa mit dr gsi ischt
du seesch nint
wi wenn nint zum Vezelle hettsch
vu däre Anderwelt
im Duschter vum ene Tunell

und koner wo di frooge dät
wa doch e Läbelang om druckt
wis dänne ischt
dett wo mir alle ani mont
und nie kon us däm schwarze Loch
zruckkumme ischt.

Du aber
wa kon Mensch gwiss woss
du wosches gwiss

und hosch
wi blendet vu de Sunne und vu
IHM
hosch du und alle um di umme
i SINE Auge
de Dod und alls
wi wenns der gar it gäe dät
grad vegesse.

Doo woni wohn

Uf de Höri hinte
doo won i wohn
am Räbberg z oberch dobe

doo schuumet mr d Wise ums Huus
unterm Gwelk vu de Moschtbirrebämm
blauets ufe und blitzts:
doo himmlet de See om aa.

D Halde dunne und aniduckt
im Kranz vu de Bapple
vum Schilf
liit Wange mi Dorf.

Hinterm Hag stand i:
i gärtle do umme
s Häckele i de Hand
beck i
hert isch de Bode vum Räge
i karr en veburmete Mischt
ufs Beet.

Guggummere liget dick
am Stäcke Tomate
si hanget mr voll im Saft
und Bohne buschlewiis brock i
i d Zonne.

Im Duft vum Salbei
vu Minz und Melisse kunnt mr
min Noochber selig in Sinn
de Walahfrid
där vu de Au vu de riiche

insula felix
wa liisch du hommwehfromm
mir im Gmiet.

Wa iber di wället
du Insel
wa allzues kunnt und
wallet wa goot:
e Läbe raffig und gfräß
wo im Elend veserblet
im Gluschte wiislos sich z leid läbt
sich z dot läbt
o Au du au weh!

Oomool isches uf dir
meh wi anderschwo glunge
ischt it stäckeblibe im Wunsch:
s Fromme
hot Zälle und Herz ufbroche
ischt himmelzues ufgflammt
im Chor
oomool – allewil
wo oner gottnoh ischt uf däm Rund
er stoot i de Mitte.

Dunne i de Wangemer Bucht
wo d Bapple im Flammelicht stond
triibt blietewiiß en Schwan
und dunket de Kopf is Wasser.

Bapple und Schwan
mir daucht us de Diefe e Bild uf
fir wa do koner e Aug hot:
Wa ischt

bin i gfrooget
mit däne Bränd wo du gleet hosch
du Zinsler
mit däne Blitz wo di troffe hond
diner Läbdig?
Dir hots de Karre
scheints it us de Lais glupft
dir stäcket d Räder im Sand

en Schwan ischt dir Schwan
und Bapple sind Bapple
und meh ischt dir it.

Nu ammel hon i e Schau:
ame Sepdemberdaag uf de Heh
wenn s Blau vum Himmel au
s Blau vum See ischt
wo silbrig ufhällt im Oschte:
doo hon i d Ägäis vor Auge.

Vu dett kennsch monne kunnt dr
en Flimmer im Gsicht
und mit Auge seehimmelblau
d Aphrodite vegege
grad wo d Sunne rosig usem
Näbelbett ufgstande ischt:
rhododaktylos Eos.

Griicheland ischt wa me suecht
au uf de Höri.

Iberm See
ufem Thurgauer Rucke dänne
wandlet s Johr duri de Waald
und driberthii d Sunne
vu Konschdanz ufe bis abi
gi Schaffhuuse
und rundet mr so
mi Wält ab.

Zwische de Bämm
so klä de Zug
wo allstund pfiift
uf Steckbore ufizue
Mammere abi gi Stai
wo de Rhii wi e riise Schlange
usem See bricht und
panta rhei nint wi ab und
alls de Sunne noo im *freudige Brusche*
uf Basel.

Selle *schöni, tolli Stadt*
ischt mr ganz usem Blick
mir aber denkts bitter
wa mir dett ufgange ischt
zmitts uf de Bruck:
wa zunenand findt uf däre Wält
ischt vors denke magsch
scho usenander
je, 's isch nit anderst, lueg mi a, wie d witt!

Vestellt au ischt mr
de Blick uf de Säntis.
Där regiert wi en
Kenig im Hermelin
ibers Sankt Galler Land
und s Appezäll bucklet däm
um b Fieß und hofiert em.

Wo d Sunne im Middaag stoot
ischt Rom
und wo si ufgoot
denk i mir s Hailig Land

so orientier i mi:
am Morge uf Jerusalem
Rom zue am Middag.

Am Oobed
wenn s Avegleckle vu Klingezäll
benedeit und mir ibers Seedaal
i s Ohr rieft:
vegiss it wa alles blanget und brieket
allum doo
do hennets und flennets
in hac lacrimarum valle

eia ergo lueg i an Himmel
s blitzt ufe vu Klote
en silbrige Hai
gwittret iber mi wäg
und wiflet sin Diisefade
i s Gspinscht vu de andere:

furt flieget si hommzue
hommflichtig furt
uf Rio
uf Hongkong.

Mir ischt woni anilueg Wält
uf mi zue
wallet Wält
iber mi wäg

i stand woni stand
wi gfange inere gotzige Froog.

Zwische mir und däm wani suech
en See
s ischt allwil en See
mool z breit
mool z dief

vu mir uus
sag i mir
i hons it i de Hand
und hintersinne due i mi
därewäg it.

Also
i bliib
i denk
i dengle ame Gedicht:

ich bruuch e Ordnung
im mim Revier.

De Rhii veglänzt
bald stärnlets mi aa
und hot mi de Schloof
kon Seerucke me stoot mr im Blick
i sieh hinter alls
und ammel au Strooße vu Gold
die laufet alle *schalom*
uf Jerusalem zue
i d Sunne *schalom* wo doo ufgoot

und mir *schalom*
wird en neie Daag.

Walahfrid Strabos ›Lob der Reichenau‹

Wo find i e Ohr, wenn mi s Blange hommsuecht,
arg veschwolle ischt mr mi Herz vum Jommer,
Kummer druckt mi hert und im Elend bin i
arm und eloonig.

Hungrig bin i uf vu dehomm studiere,
s beschte Wisse suech i, drum bin i ggange
furt i d Fremde, allene fremd und all nu
plooget vum Hommweh.

Lehrer – it wie die, wo dehomm mi gschuelt hond,
koner wo e Aug fir mi hett, mi aanimmt,
koner wo mi ufrichte dät, nu trocke
Brot zum dra kaue.

Kaalt ischt, bitter kaalt, wenn de Luft i s Gsicht bloost,
kaalt bis unters Hemd, dass mrs Herz veschittlet,
Hänn und Fieß, die brennet im Froscht, so hert, so schuderig kaalt ischs.

Au im Huus ischs iisig, vor Kälte biißig,
kaalt mi Bett, grad so wie wenn i im Schnee lig,
find kon Schloof it dinne, ko Wärme dusse,
woss mr it z helfe.

Wär en Funke, oner wo geischtig zindet,
dass e heilig Wisse i mir dät brenne,
hett i nu e Gluet, wo au s Herz mir ufwärmt,
kennt i mi wehre.

Wärsch doch, du min geischtliche Vadder, bi mir,
dir z lieb bin i ggange, bin furt studiere,
bin i d Fremde, bin wo mir alles fremd bliibt
und mir so weh duet.

Brieke moss i, arg iberkunnt mi s Hommweh,
wenn i denk, wie guet uf de Au i s ghett hon,
Dach und Bett, grad alles wa s Herz om freit – wa
ischt mir do wohl gsi.

Insel, heilig bliibsch mr, e liebe Modder,
gsägnet bisch, fir s Heilige baut und gschaffe,
bisch en Glanz fir d Auge, e Ehr fir alle,
selige Insel.

Drum au heilig därf i di ehrlich heiße:
du bisch gweiht de himmlische Moddergottes,
stolz uf di und froh kennet mir drum singe:
selige Insel.

Rings vum See umwellet, im diefe Wasser,
stoosch du fescht uf Grund, di hebt d Liebe zsamme,
riich vesorgsch mit heilige Biecher d Welt du,
selige Insel.

Hommzue triibts mi heiß, wett di endlich sänne,
allziit Dag und Nacht hon i di vor Auge,
wohl wär mir bi dir, du dätsch mi umsorge,
selige Insel.

Allum bliets und alles stoot fromm im Frohwuchs,
triibt im Saft und schafft unterm Wille Gottes,
wer do wohne därf, der ka selig singe:
glickliche Au du.

Krischt, voll Macht du, hon e Vebarme mit mir,
schick mi zruck uf d Au, dass si mi umarmet,
sage wett i zue-n-ere, wie mir zmuet ischt:
Modder, i mag di.

Krischt, du Herrscher, Herr iber All und Welt du,
Gott und Heiland allene, heilsam Wort uns,
mach, dass unser Herz i dim Wort ufflammt zum
ewige Läbe.

Loss mi, Herr, i bitt di, so lang guet zwäg si,
bis i oomool hommfind, wo i dehomm bin,
ganz dehomm, do will i zum Dank und Preis dir
Loblieder singe.

Dir Gott Dank, du himmlische Vadder heilig,
und dim Sohn, in Liebe mit dir vebunde
und umfasst vum Heilige Geischt, in Allmacht
ewig dreieinig.

Worterklärungen

Suso

Der Mystiker Heinrich Suso (Seuse) ist am 21. März um 1300 geboren im Haus »Zur Täsche« in Konstanz. Gestorben am 25. Januar 1366 in Ulm – auf das schwerste verleumdet und aus seiner Heimatstadt vertrieben. »Der selig hainrich süs ze costentz geborn am bodmersee« heißt er nach einem kolorierten Holzschnitt um 1470. Zitate aus dem »Büchlein der ewigen Weisheit« um 1330.

de Bosse triibe – Böses treiben, antun
drimmelig – schwindlig
loot – lässt
Süfzger – Seufzer

Dominus Herimannus Contractus

Herimannus Contractus, lebenslang gelähmt, 1013 als Sohn des Grafen Wolfram von Altshausen geboren, am 24. September 1054 dort gestorben, hat als Mönch auf der Reichenau als Gelehrter und Dichter ein vielseitiges Werk geschaffen, so eine Weltchronik, ein Mathematikbuch *De quadratura circuli*, so die Hymnen *Alma Redemptoris Mater* und *Salve Regina* (darin der Vers *in hac lacrimarum valle* – in diesem Tale der Tränen). Für das Frauenkloster Buchau am Federsee hat er ein Lehrgedicht über die acht Haupttugenden geschrieben. Darin reden die Klosterfrauen von ihm in echt schwäbischem Latein als *noster amiculus liup Herimannulus* – unser Freundle, das liebe Hermännle.

Trüsche (Lota vulgaris) – der einzige Vertreter der Familie der Schellfische im Süßwasser, das weiche zarte Fleisch ist grätenlos; von Feinschmeckern geschätzt wird die mächtig entwickelte, fette Leber.

Dehom

bsunder – anders als sonst
Droom – Traum
näene – nirgendwo
rueße – rasen

Seligs Läbe

dunkt abi – taucht hinab
fligle – Tunwort zu Flügel
goot – geht
käferle – Tunwort zu Käfer
loot – lässt
veworgse – würgen

A dir ischt all de Dod vebii

ase – gleichsam, wie
ase läbig – als ob er lebe
sälle – jene
seet – sagt
stoobliibt – stehen bleibt
treet – trägt

I hon wani hon

hon – habe
it – nicht
wani – was ich

A de Hand vum Glick

b Fieß – die Füße (d zu b assimiliert)
där Gugger – dieser Kuckuck, nun als Schimpfwort
    (zum Gugger au! de Gugger soll di hole!)
drusbrocht – drausgebracht
grie – grün
gnumme – genommen
hon i kon – habe ich keinen (nicht)
i los – ich höre, lausche
iberriselet – überrieselt
ini – hinein
Knoschbe – Knospen
Langbirrebomm – mächtiger Birnbaum, mit langgeformten
    Birnen
reesch – dürr, trocken
schittle – schütteln
schuumet – schäumen
stand – stehe
ufe – herauf
ufi – hinauf
Veiele – Veilchen
woni – den ich
zelle – zählen
zmool – auf einmal
zueloss – zuhöre

O wie schä

Bix – Blechbüchse
en Rucker – ein Ruck
schä – schön
tschutte – mit dem Fuß stoßen

Im Himbbebelevesteck

Bosche – Büsche
Bräme – Bremsen (Stechfliege)
Buuch – Bauch
Däg – Tage
Dännele – Tännlein
dont – (sie) tun
drimmlet – taumelt
gifte – (sie) giften: brennen wie Gift
gluschtet – gelüstet, anmacht
gnottlet voll – dick voll (Knödel, Knoten)
gom mir – (assimiliert aus *gond mir*) gehen wir
hampflewiis – handvoll weise, in Fülle
Himbbele – Himbeeren
homm – heim, nach Hause
Huut – Haut
om – einem
monn – stell dir vor, denke dir
schleesch – (du) schlägst
schopps – stopfe es, schiebe es
vekretze – zerkratzen

Halber segse am Morgen

Friehmess – Frühmesse, Gottesdienst
halber segse – halb sechs Uhr

Hei – Heu
iischloofe – einschlafen
vegege kunnt – einem entgegen kommt
woni – da ich

I gang z ackere

Duft – Nebel, Rauhreif
hert – hart
Lätt – Lehm
Luft – Wind, Sturm
oo Strophe – eine einzige Strophe (griech. eigentlich das Drehen, die Wendung), hier im Sinne von Furche
oomool – einmal (beidsilbig betont)
serblet – siecht dahin
treet – trägt
uusgnergelet – ausgemergelt, ohne Leben
wider – wieder (nur dort ein ie, wo es auch diphthongiert gesprochen wird)
wonen – der ihn
woni – die ich
z ackere – zu Acker fahren, pflügen

Im Dobel dunne

Dobel – Schlucht
stooblibe – stehen geblieben

Bodman

du meesch – du müsstest
monnsch – meinst wohl
Oscht – Ostwind
venäehet – vernähen (Naht)
wosch – (du) weißt

Hommweh

wo mir ischt – der mir zuteil ist, der mir bestimmt ist
woner anikunnt – wohin er gelangt

Schilfgott Pan

allno – noch immer
als – bisweilen, für gewöhnlich, immer
allszue – hinfort, in einem fort
binselet – erfundenes Verb zu Binse, hier das leise Rauschen
   des Schilfs ausdrückend
blibe – geblieben
deeberet – getobt
dochtelos – ohne Kraft, lahm
driberthii – darüberhin
Dunder – Donner
fleete – flöten
flischterselig – flüsterselig
gseblet – »gesäbelt«, wie mit silbrigen Säbeln
hii – dahin, tot, vergangen
Liftle – Lüftchen
me – mehr (unbetont)
näene – nirgendwo
noo – entlang
numme heer – nicht mehr höre
Pan – arkadischer Wald- und Weidegott, der mit seiner Flöte
   die Mittagsstille bestimmte, aber auch Schrecken einjagen
   konnte. Hier als Gott der Schilfwälder angesprochen.
ruuschig – rauschend
serblet – siecht dahin
unne ufe – von unten herauf, hier seeaufwärts
vetloffe – entlaufen
waldig – wie ein Wald

wallig – wallend, wogend
woani – wohin

Doo liisch

abi – hinab
all meh – immer mehr
anikeit – hingeworfen, hingefallen
Birrebomm – Birnbaum
bläret – weint, plärrt
Bluescht – Blühen, Blüte
de Luft – der Wind, der Sturm
deig – weich, hier süßfaul
desell – jener, hier: jenen
doo liisch – da liegst du
Duft – Rauhreif, Nebel
fimf – fünf
gäel – gelb
ghebt – gehalten, getragen
gloffe – gegangen, gelaufen
gluschtig – voll Lust und Drang
gschuumet – geschäumt
hosch – hast
inigriselet – hinein gerieselt
schreiig – schreiend
Steck – Stockwerke
Strähle – kämmen, auch striegeln
umdue – umgehauen, gefällt
ummegjuckt – herumgesprungen, herumgehüpft
uusgnaschtet – ausgeastet, mit abgeschlagenen Ästen
wo – (Relativpronomen) der, welcher – in allen Fällen und Geschlechtern gleich
zoge – aufgezogen, herangezogen
zonnewis – korbweise

Hond si gseet

dreet – getragen
gheert – gehört
gleet – gelegt
gseet – gesagt

Do hocksch i dim Leid

kriegsch – (du) bekommst
mosch – (du) musst
nint – nichts
treesch – (du) trägst

Lazarus

blanget – erwartungsvoll ausschauen
däre – (Dativ) dieser
draa – hier: an der Reihe, gefordert
Duschter – Düsternis, Dunkel
fiehr – führe, geleite
gmiichtelet – nach Moder riechen
gotzig – »gotteinzig«, einzig
gwiss – mit Sicherheit
hettsch – hättest
hont – habt
mont – müsst, (wir) müssen
om – einen
posuuneluut – posaunenlaut
vezelle – berichten

Doo woni wohn

allwil – alleweile, immer
ammel – manchmal, bisweilen

Au – Reichenau

s Avegleckle benedeit – Anspielung auf den abendlichen Gebetsgruß »Engel-des-Herrn«: Du bist gebenedeit unter den Frauen

Bapple und Schwan – als Bild bei Ovid, Metamorphosen, Buch II. Anspielung auf das Schicksal des Phaeton, Sohn des Helios und der Klymene: Phaeton lenkt für einen Tag den Sonnenwagen des Vaters, entgleist, so dass die Erde in Brand gerät; er wird von den Blitzen des Zeus getötet und von seinen drei Schwestern, den Heliaden, beweint, die vor Trauer sich in Pappeln verwandeln und deren Tränen sich zu Bernstein verhärten; außerdem beweint von seinem Freund Kyknos (Cygnus), der, von Schmerz aufgelöst, zum Schwan wird.

becke – hacken, häckeln (vergl. picken, pickeln)

blanget – sehnsuchtsvoll wartet und bangt

brieket – weint, schluchzt

brocke – »brechen«, pflücken

därewäg – deshalb, darüber

dengle – dengeln, klopfen, ausbessern

Diisefade – Kondensstreifen (Düsen)

diner Läbdig – deiner Lebtag, dein Leben lang

do hennets und flennets – Anspielung auf das »Salve Regina«, vom Reichenauer Mönch Hermann dem Lahmen gedichtet: gementes et flentes in hac lacrimarum valle. Eia ergo … trauernd und weinend in diesem Tale der Tränen. Wohlan denn …

freudige Bruusche – In seinem Gedicht »Die Wiese« spricht Johann Peter Hebel vom Rhein, den man »am freudige Bruusche« (Gebraus, Rauschen) auf Basel zulaufen hört.

gfräß – verfressen, fressgierig

glunge – geglückt, gelungen

Gluschte – Gelüste, Lust, Gier

Gmiet – Gemüt

gotzig – einzig

Guggummere – Gurken
Gwelk – Gewölk
himmelzues – himmelwärts
hintersinne – schwermütig werden, verrückt werden
Höri – die langgestreckte Halbinsel Höri zwischen Zeller See und Rheinsee
insula felix – selige Insel. In seiner Heimwehode lässt Walahfrid Strabo mehrere Strophen mit insula felix ausklingen.
Klingezäll – Klingenzell ist ein Wallfahrtskirchlein oberhalb von Mammern
Klote – Flughafen bei Zürich
Konschdanz – von Konstanz bis Schaffhausen, dazwischen die Orte Steckborn, Mammern, Stein am Rhein
Lais – Wagengeleise, Karrenspur
liisch – liegst du
liit – liegt
om – einen
panta rhei – alles fließt (wohl von Heraklit)
rhododaktylos Eos – die rosenfingrige Morgenröte (Homer)
schalom – Friedensgruß
schöni, tolli Stadt – So nennt Johann Peter Hebel die Stadt Basel in seinem Gedicht »Die Vergänglichkeit«. Hier sagt der Ätti wiederholt: »*Je, 's isch nit anderst ...*«
stärnlet aa – »ansternenln«, so wie anhimmeln
schuumet – schäumen
Thurgauer Rucke – der Thurgauer Seerücken
ufe – herauf
veburmet – vermodert
vegege – entgegen, auf dich zu
veserblet – abstirbt, dahinsiecht
Walahfrid Strabo – um 809–849 Mönch der Reichenau, berühmt sein »Hortulus« (Vom Gartenbau), darin Kürbis, Salbei und Minze in Hexametern besungen werden.

Wangemer Bucht – die Bucht vor Wangen
wiflet – übernähen, stopfen, fein verweben
wiislos – ohne Wegweisung, blind, irr
woni – wo ich
Zinsler – der mit dem Feuer spielt (zündeln)
z obersch dobe – zuoberst
Zonne – »Zaine«, Korb

Walahfrid Strabos ›Lob der Reichenau‹

Au – Reichenau
bliet – blüht (i-e Doppellaut)
brieke – leise vor sich hinweinen (engl. heastbreaking)
s Blange – Verlangen, Sehnsucht, Ungeduld

Nachweise

Dinne und Dusse. Alemannische Gedichte vom Hegau-Untersee. Rosgarten, Konstanz 1967.
reit ritterle reit. Gedichte in der Mundart vom Bodensee. Stadler, Konstanz 1979.
Mein Bodensee. Liebeserklärung an eine Landschaft. Rosgarten, Konstanz 1984.
Ein Clown läuft ins Bild. Erzählung. Rosgarten, Konstanz 1986.
Seewege. Bilder und Klänge. Ein Bodenseebuch von André Ficus. Gessler, Friedrichshafen 1986.
Öhningen. Hegau-Geschichtsverein, Singen 1988.
Seesonntag. Bilder und Tagebuchblätter. Gessler, Friedrichshafen 1988.
Einbildungen. Lebensstationen in Bildern und Texten. Rosgarten, Konstanz 1990.
Das Buch da. Prosa. Gessler, Friedrichshafen 1991.
Den See vor Augen. Kindertage. Gessler, Friedrichshafen 1992.
Im Zug zurück. Stationen einer Kindheit. Gessler, Friedrichshafen 1997.
Doo woni wohn. Alemannische Gedichte. Gessler, Friedrichshafen 1998.
Walahfrid Strabos ›Lob der Reichenau‹ auf Alemannisch. Gessler, Friedrichshafen 2000.
Seegefilde. Bilder und Texte. Gessler, Friedrichshafen 2004.

Alemannisch vom See. Texte von Bruno Epple, gelesen vom Autor. Bernd Konrad, Saxophone und Klarinetten. CD. Freiburger Musik Forum, Freiburg 2004.
Bruno Epple – Der Poet. Zu Vita und Werk. Isele, Eggingen 2005.
Ein Konstanzer Totentanz. Leichenlamento im Dialekt. Greuter, Hilzingen 2007.
Lyrik im Fingerhut. Privatdruck, Radolfzell 2006.
Gedichte nebenbei. Privatdruck, Radolfzell 2009.
Vor allem der See. Erinnerte Kindheit. Klöpfer & Meyer, Tübingen 2009.
Gedichte zum Auflesen. Klöpfer & Meyer, Tübingen 2010.
Unveröffentlichtes (Originalbeiträge).

Inhalt

Martin Walser: Das Dasein feiern   5

Zum See hin   15
Lektüre unterm Kirschbaum   17
Mein See   20
Gemeinsamkeit   20
Auf der Schaukel   22
Die Gartentür   23
Die Amsel   24
Die Greisin   25
Strickerin   26
Dengeln   27
Mein Guller   29
Kiesgrube   30
Wind   31
Der Wind   32
Farbetüden   32
Es blühen die Blumen   34
Grün und Grün und Grün   35
Nachbars Heidschnucken   36
Kürbisfülle   37
Arenenberg   38
Jeder kennt ihn als Silhouette   39
Barock   40
Schloss überm See   41

Der Himmel wäscht freudig   42
Griechenland – auch auf der Höri   43
Brief an eine Klosterschwester   44
Im Frühsonnenlicht   47
Suso   48
Reichenau   49
Dominus Herimannus Contractus oder
    amiculus liup Herimannulus   50

Gedichte   53

Frühling 1956   55
Wenn ich fröhlich bin   56
Die Wiese hat ein weites Kleid   56
Die Sonne schickt   57
Heute hat der Himmel   57
Manchmal vergesse ich mich   57
Der Tag ist da   58
Blaue Glocken   59
Aus den Bergen übers Land herein   59
Die Nacht tritt ab   60
Noch frisst ein Auto alle Straßen auf   61
Im See ertrinkt der schöne Tag   61
Das Jahr verblasst   61
Der Winter kommt zu sich   62
Was sich ausgelebt hat   63
Die Hand bezeugt mein Sinnen   63
Mit Sanftmut blickt   64
Im Aufrausch die Wälder   65

Erinnerte Kindheit. Eine Trilogie   67

1 Den See vor Augen. Kindertage   69
Beim Angeln   69

Gundele   70
Spiel unterm Tisch   72
Glück im Wickel   73
Visionen des Schreckens   74
Grießbrei   75
Musik in der Stadt   77
Dolch und Sau   79
Erster Schultag   81
Dummheit ist kein Maßstab   82
Wie beherzt mutet mich an   83

2 Im Zug zurück. Stationen einer Kindheit   84
Von Schnetzenhausen nach Friedrichshafen   84
Friedrichshafen glänzt   85
Mit der Eisenbahn   87
Am Ende der Bahndamm   89
Bevor Onkel Albert   90
Die Standuhr   91
Auch sie muss jedesmal aufgesucht werden   93
In jedem Haus stecken Geheimnisse   93
Brandheißer Sommertag   94
In diesem Badehäuschen   95
Am Hof angelangt   96
Auf den runden Tisch   97
Wer hätte die Tante Anna nicht gemocht   99
Zu Fuß auf dem Weg   100
Dehom   101

3 Vor allem der See. Erinnerte Kindheit   102
Eidechsen   102
Ganz jung schon Ministrant   104
Der Feldhüter   105
Vorsorge   107

Eisblumen 110
Im Schnee 110
Verschwiegene Liebe 111
Lust am Quälen 114
Zurück zur Mettnau 116
Seligs Läbe 118

Vom Malen und Schreiben 119

All wieder die Süße des Anfangs 121
Aus Eros 121
Besuch im Atelier 123
Der Pinsel 126
Ein Bild malen braucht seine Zeit 128
Eben nicht Spaß 128
Schreiblust 130
Wenn das Wort mich heimsucht 131
Was Schönes 132
Der Seiltänzer 133
Schreiben wie Fliegen 133
Lesen und Leben 134
Traumarbeit 134
Wie kommen Sie dazu – zu dichten? 136
Der Dichter liebt seinen Garten 137
Dichterlesung 139

Ein Clown läuft ins Bild 143

Mit anspruchsvollen Erwartungen 145
Zum Clown geboren 145
Der Clown – ein Missverständnis 146
Der Clown tritt daneben 150
Die Geschichte vom verliebten Koch 152
Bilder sind selbständig 154

Denk an den Apfelbaum   156
Brot der Einsamkeit   157

Nebenbei bemerkt und beachtet   161

Ausgeschert   163
Im Flughafen   169
Heimkehr   171
Mein Johannes   173
Ankunft   175
Stationen der Einsicht   176
Von Frömmigkeit gestärkt   177
Sich selbst zur Frage werden   179
Ein Vormittag   180
Eine Szene machen   182
Also wieder ein Examen   184
Warten   185
Die schmecken's   187
Das Entlein   188
A dir ischt all de Dod vebii   189
Die Herren vom Bestattungsinstitut   192

Alemannisch vom See   199

I hon wani hon   201
A de Hand vum Glick   202
O wie schä   203
Im Himbbelevesteck   204
Halber segse am Morgen   206
I gang z ackere   207
Vum Vogel wo funklet   208
Im Dobel dunne   209
Bodman   210
Hommweh   211

Schilfgott Pan   212
Doo liisch   214
Hond ʒi gseet   217
Do hocksch i dim Leid   218
Lazarus   219
Doo woni wohn   222
Walahfrid Strabos ›Lob der Reichenau‹   229

Worterklärungen   234
Nachweise   245

© 2011 Klöpfer und Meyer, Tübingen.
Alle Rechte vorbehalten.
ISBN 978-3-86351-014-5

Umschlaggestaltung: Christiane Hemmerich
Konzeption und Gestaltung, Tübingen,
unter Verwendung eines Bildes von Bruno Epple.
Herstellung: Horst Schmid, Mössingen.
Satz: CompArt, Mössingen.
Druck und Einband: Pustet, Regensburg.

Mehr über das Verlagsprogramm von Klöpfer & Meyer
finden Sie unter: *www.kloepfer-meyer.de*

Bruno Epple
Vor allem der See
Erinnerte Kindheit
156 Seiten,
gebunden mit Schutzumschlag

Große Literatur, anrührend, ganz originär.

» Bruno Epple kann nichts falsch machen. Dem ist alles gegeben. Alles reine Eppliaden. Das ist schon schön. Mehr kann man nicht sein.«
Martin Walser

» Ein Sog von malerischer Sprachgewalt.«
Schwäbische Zeitung

KLÖPFER&MEYER

Peter Blickle und
Franz Hoben (Hg.)
**Maria Beig
Das Gesamtwerk**
5 Bände, im Schuber,
1928 Seiten,
gebunden mit Schutzumschlag und Lesebändchen

»Eine verlegerische Großtat! Es ist eine Prachtausgabe!«

Südkurier

»Ihre Bücher waren und sind für mich ein Anstoß. Ein Anstoß, ein Schmerz, eine Freude.«
Arnold Stadler

»Bei ihr ist alles wahr. Das lässt keinen unberührt.«
Frankfurter Allgemeine Zeitung

»Unvergessliche Szenen. Große Literatur.«
Die Zeit

KLÖPFER&MEYER